HABILIDADES SOCIALES 2.0 CONVERSACIÓN

Habla Con Cualquiera Y Desarrolla Un Carisma Magnético

Descubre Métodos Disrputivos Para Mejorar Tus Habilidades De Comunicación

Copyright 2019 - Todos los derechos reservados.

El siguiente libro se reproduce a continuación con el objetivo de proporcionar información lo más precisa y fiable posible. Independientemente de ello, la compra de este libro puede considerarse como un consentimiento al hecho de que tanto el editor como el autor de este libro no son de ninguna manera expertos en los temas tratados en él y que cualquier recomendación o sugerencia que se haga en el presente documento es sólo para fines de entretenimiento. Los profesionales deben ser consultados cuando sea necesario antes de emprender cualquiera de las acciones aquí aprobadas.

Esta declaración es considerada justa y válida tanto por la Asociación Americana de Abogados como por el Comité de la Asociación de Editores y es legalmente vinculante en todos los Estados Unidos.

Además, la transmisión, duplicación o reproducción de cualquiera de los siguientes trabajos, incluyendo información específica, se considerará un acto ilegal, independientemente de si se realiza por vía electrónica o impresa. Esto se extiende a la creación de una copia secundaria o terciaria de la obra o de una copia grabada y sólo se permite con el consentimiento expreso por escrito del Editor. Todos los derechos adicionales reservados.

La información de las páginas siguientes se considera en general como un relato veraz y preciso de los hechos y, como tal, cualquier falta de atención, uso o uso indebido de la información en cuestión por parte del lector hará que las acciones resultantes queden exclusivamente bajo su responsabilidad. No hay escenarios en los que el editor o el autor original de este trabajo pueda ser considerado de alguna manera responsable por cualquier dificultad o daño que les pueda ocurrir después de haber realizado la información aquí descrita.

Además, la información de las páginas siguientes está destinada únicamente a fines informativos y, por lo tanto, debe considerarse como universal. Como corresponde a su naturaleza, se presenta sin garantía de su validez prolongada o de su calidad provisional. Las marcas registradas que se mencionan se hacen sin consentimiento por escrito y de ninguna manera pueden ser consideradas como un endoso del titular de la marca registrada.

Tabla de Contenidos

Introducción 6
Capítulo 1 - Establecimiento de la probabilidad 10
    El sesgo de confirmación.. 10
    Las Cualidades y Comportamientos que lo Hacen
    Instantáneamente Agradable 12
    ¿Qué determina el comportamiento probable? 16
    Los Siete Malos Hábitos que lo Están Haciendo
    Desagradable 18
Capítulo 2 - Los fundamentos de una buena conversación 22
    Cómo causar una gran primera impresión 22
    Gane en una pequeña charla con el modelo ARE 26
    Tres maneras esenciales de llevarse bien con
    cualquiera que conozca 27
    Seis consejos para resistir la timidez y la falta de
    confianza 31
Capítulo 3 - Encendiendo Interacciones Excepcionales 35
    Temas de conversación y consejos para cada
    escenario posible 35
    Los peores errores que puede cometer en una
    conversación 40
    Ideas para evitar conversaciones aburridas................... 45
    Tres reglas generales para iniciar una conversación
    interesante 48
Capítulo 4 - Cultivando el Carisma y el Magnetismo 50
    Los Trece Secretos para Desarrollar una Personalidad
    Magnética 50

Todo lo que necesitas saber sobre la trifecta del encanto 57
Tres pasos para convertirse en una persona más interesante 64

Capítulo 5 - Conociendo a su audiencia 68
Micro expresiones 70
Los seis tipos de comunicadores y cómo ganárselos 73
Consejos de conversación para audiencias especiales.... 78

Capítulo 6 - Construyendo Conexiones Profundas.. 81
Trucos de conversación para establecer una relación instantánea con alguien 82
Cómo formar relaciones significativas.................. 84
Los Hábitos de las Personas Emocionalmente Inteligentes 87
Por qué la autocompasión es importante para las relaciones sanas.................. 90

Capítulo 7 - Situaciones difíciles y errores sociales.................. 93
Cómo hablar para salir de situaciones difíciles o incómodas 93
Lidiando con personalidades difíciles.................. 98
¿Cuándo está bien mentir?.................. 104

Capítulo 8 - Uso de la conversación para obtener lo que desea 105
Maneras sutiles de demostrar dominio 106
Técnicas de persuasión para todas las situaciones....... 109
Tres trucos para seducir a alguien a través de la conversación 112
Seis consejos altamente efectivos para negociaciones exitosas 116

Conclusión 119

Introducción

Sé la verdadera razón por la que abriste este libro: estás desesperado por ver un cambio en tu vida diaria. Estás aburrido de interacciones sociales mediocres, una carrera sin salida y estás decepcionado por tus relaciones tensas o insatisfactorias. Sabes que puede mejorar -has visto a otras personas desarrollar el tipo de relaciones que deseas- y ahora quieres ser dueño de ese tipo de influencia social.

Esto puede sorprenderte, pero no eres el único que se siente así. Ligas de personas de todo el mundo sueñan con estos cambios y, al igual que ustedes, tienen la corazonada de que la solución radica en ampliar sus capacidades sociales. Al igual que tú, quieren ser un maestro de la conversación.

Pero la buena noticia es que ya estás un paso por delante de ellos.

¿Por qué? Es muy sencillo. Has dado el primer paso. Has abierto este libro. Estás a punto de comprometerte con mayores logros y relaciones más poderosas, y eso te hace un poco más inteligente que el resto. Felicitaciones por acercarse un poco más a sus metas.

Tal vez sea torpe y tímido. Tal vez, usted se siente constantemente abrumado en entornos sociales, como si su presencia no importara. Nunca se sabe lo que hay que decir y se siente como si siempre estuviera un latido detrás del resto.

O tal vez, no se siente nada incómodo socialmente, simplemente quiere ejercer más influencia sobre tus compañeros y tener un impacto más fuerte en todos los que conoces. Usted ha visto la forma en que algunas personas obtienen lo que quieren usando sólo sus palabras, y usted quiere experimentar cómo es. Te diré ahora, esta experiencia puede ser suya con algo de práctica y sabiduría experta. No es tan difícil como parece, sólo necesita el entrenamiento adecuado.

Sea cual sea la etapa en la que te encuentres, tanto si es un tímido alhelí como si es un conversador bastante seguro, este libro le llevará al mismo destino: la cima de su juego de comunicación. Este libro le mostrará todo el espectro, desde las bases de una buena conversación hasta las herramientas avanzadas de persuasión e influencia. Dividiremos el lenguaje, el comportamiento y la personalidad en sus partes digeribles - y usted logrará el dominio sobre todas ellas. Aprenderás a ser amigo, seducir y resolver conflictos sólo con la magia de la comunicación. Y al final de su entrenamiento, usted sabrá cómo navegar casi todas las situaciones conocidas por el hombre. Desde los escenarios difíciles y tensos hasta las conexiones íntimas y profundas.

No se equivoque, estas habilidades sacudirán los cimientos de toda su vida. Después de todo, la calidad de nuestras relaciones está directamente relacionada a nuestra comunicación. Esto puede significar la diferencia entre una lucha constante y una conversación empoderante. O la diferencia entre una interacción aburrida y una conversación fluida que te lleva a una oportunidad que te cambia la vida. ¿Nuestra única advertencia? Esperamos que estén listos para estas nuevas habilidades.

Verás, la comunicación es lo más cercano a la magia que existe. Una vez que domine el tono, el lenguaje, el tiempo y algunos otros factores esenciales, podrá producir cualquier efecto deseado. La mente humana es maleable, y a excepción de la idiosincrasia ocasional, las necesidades humanas son bastante fáciles de anticipar. Comprenderlos es la clave para formar estrategias sociales exitosas. Pronto aprenderás todo esto.

Desarrollé estas habilidades avanzadas de la manera difícil: a través del ensayo y el error, a través de caer presa de las tácticas de los maestros, y conociendo todo tipo de personalidad imaginable, no importa cuán agravante sea. Estudié los métodos de una amplia gama de personas y aprendí de sus errores así como de sus éxitos. Dije e hice lo incorrecto, pero luego aprendí a decir lo correcto. Y perfeccioné lo correcto. Descubrí cuándo lo correcto funciona mejor, cuándo no funciona en absoluto y cuándo lo correcto debe dar paso a algo mejor. Observé cada movimiento, cada sutileza. Y luego hice una extensa investigación para ampliar lo que ya sabía. Diseccioné las poderosas áreas de comunicación que la mayoría de la gente pasa por alto; te enseñaré a no volver a pasarlas por alto nunca más y a cómo utilizarlas para tu mayor beneficio.

He visto a frágiles don nadie convertirse en maestros de la persuasión con una presencia que no puede ser ignorada. A menudo me dan las gracias las personas que han utilizado mis consejos, con la afirmación de que han transformado sus relaciones personales y que también les han ayudado a crear relaciones nuevas y más significativas. Pero no es de extrañar que estos beneficios surjan. Perfeccionar el arte de la conversación es sinónimo de perfeccionar la capacidad de vivir en tándem con otros seres humanos. Las personas a las que he ayudado se han convertido en expertos en ambos. Compartiré estos mismos secretos con ustedes, muy pronto.

Con mi ayuda y experiencia, usted pasará de la timidez, la torpeza y todas las razas de ineptitud social. En lugar de ello, usted generará interacciones fascinantes, conexiones profundas y desarrollará todas las habilidades necesarias para ser dueño de cada una de las habitaciones en las que entre. No sólo abrirá puertas a nuevas oportunidades, sino que encantará a esas puertas desde sus bisagras. Mis guías recorrerán toda la gama, desde seducir intereses románticos hasta negociar un mejor trato, niños, personalidades difíciles y más. No necesitará ninguna otra guía de comunicación. Considera esto como tu biblia de conversación.

Usted ha dado ese primer paso vital - ahora no cometa el error común de terminar el viaje aquí. Recuerde este hecho importante: la complacencia es el asesino silencioso de todo el potencial. ¿Qué puertas están permitiendo que se cierren mientras se sientan ociosos?

A medida que revele el próximo capítulo de este libro, también revelará *su* nuevo capítulo. Bienvenido a la única guía de comunicación que necesitará.

Capítulo 1 - Establecimiento de la probabilidad

Imagínate esto: un hombre entra en la fiesta a la que vas a asistir. Está vestido excepcionalmente bien con una camisa llamativa, pantalones elegantes y casuales, y zapatos de cuero pulido. Hace contacto visual con todos los que están en la habitación por un breve momento, sonriendo ocasionalmente y saludando amistosamente a alguien que reconoce. Su cuerpo está abierto hacia la habitación, e incluso está asintiendo ligeramente con la cabeza al ritmo de la música que suena en el fondo. La mujer con la que hablas, tu nueva conocida, Claire, se fija en él. Ella saluda con la mano y él hace lo mismo. Mira entre los dos, observa la situación, y luego se acerca lentamente, listo para presentarse con una cálida sonrisa.

Antes de decir una palabra, este hombre se ha establecido como una persona agradable. Es muy probable que ya te sientas cómoda dejándolo participar en tu conversación. Incluso puedes sentir el deseo de conocerlo y considerarlo como un amigo potencial. Es cierto que no sabes realmente quién es, y es posible que sea lo contrario de lo que esperas, pero el punto es que quieres averiguarlo. Y como ha mostrado un comportamiento agradable, ya está en ventaja.

El sesgo de confirmación

Cuando tenemos una idea o creencia preexistente, tendemos a notar solamente factores que pueden confirmar nuestras suposiciones. Esta idea constituye el quid de la cuestión del sesgo de confirmación. En otras palabras, usted ve lo que quiere ver para confirmar que su juicio inicial fue correcto. A los humanos les gusta tener razón. Así que absorbemos la información de forma selectiva para demostrar nuestro punto de vista, no para refutarlo.

¿Cómo encaja esto en nuestro escenario con el hombre agradable? Digamos que finalmente hablas con él, y él erróneamente asume que te ha conocido antes y te llama por el nombre equivocado. Esto sería un flub social de su parte, pero si usted ya había establecido que usted piensa que él es agradable, probablemente lo dejaría pasar fácilmente. De hecho, usted probablemente pensaría, "Oh, es un simple error. Sucede a veces y no puedes evitarlo. Estoy seguro de que conoce a mucha gente". Entonces lo olvidarías y en su lugar elegirías recordar lo amable que fue cuando se disculpó.

Pero considere este otro escenario: digamos que fue un hombre diferente, y entró en la habitación con el ceño fruncido y la mandíbula apretada. Cuando miró alrededor de la habitación, sus ojos se detuvieron un poco demasiado tiempo y de manera inapropiada sobre una mujer guapa, y cuando se fijó en su amigo, levantó las cejas y no sonrió. Si ocurriera lo mismo cuando te llamara por el nombre equivocado, probablemente no serías tan indulgente. Uno pensaría: "Está claro que no respeta a la gente". Usted elegiría recordar el error que cometió, e incluso si se disculpara, lo más probable es que sea más difícil ganarse su confianza.

En ambos escenarios, sólo buscas confirmar lo que ya crees, pero podrías estar completamente equivocado sobre ambas suposiciones. El primer hombre podría llegar a ser un narcisista arrogante y el segundo podría llegar a ser inteligente y amable, pero muy torpe desde el punto de vista social. El problema es que sólo lo sabríamos con seguridad si nos sentamos y llegamos a conocer a estos hombres a un nivel más profundo. Pero la mayoría de las interacciones sociales no nos conceden tanto tiempo y es muy probable que ya hayas decidido que no quieres conocer al hombre desagradable.

Es por eso por lo que debemos enfatizar el comportamiento agradable. La gente está evaluando si les gustas o no, y si quieren conocerte o no, tan pronto como entras en la habitación. Y esto influirá en gran medida en todas las interacciones en curso. Puede que tengas una gran personalidad, pero nadie lo sabrá nunca si tu comportamiento te parece frío, incómodo o poco atractivo. Comience con el pie derecho y envíe señales positivas.

Las Cualidades y Comportamientos que lo Hacen Instantáneamente Agradable

1. Una apariencia impresionante

Contrariamente a la creencia popular, una apariencia impresionante no sólo consiste en una buena apariencia o ropa cara. Abarca todo lo relacionado con la forma en que nos llevamos y nos presentamos al mundo. Incluye

- La forma en que te vistes

Vestirse bien no siempre significa ser formal. De hecho, una parte necesaria de vestirse bien es asegurarse de que se ha vestido apropiadamente para la ocasión. Si alguien llega a una reunión social de bajo perfil en un traje afilado sin ninguna razón, puede ser percibido como pretencioso. Por el contrario, si se trata de un evento formal y usted asiste con zapatillas de deporte, se le considerará descuidado y no se lo tomará en serio.

Las personas que se visten bien para cada ocasión (esto significa ropa ajustada, ordenada y apropiada) siempre ganarán más respeto que alguien a quien no le importa en absoluto lo que llevan puesto. ¿Por qué? No sólo envía el mensaje de que eres inteligente y competente, sino que también dice a la gente: "Soy extremadamente consciente de la sociedad y tengo los medios para cuidarme a mí mismo".

- La forma en que hablas

¿Murmura o difama con sus palabras? ¿Se ríes nerviosamente entre frases? ¿O enuncian y hablan al ritmo adecuado? La forma en que usted habla es un reflejo de muchos atributos importantes. Determinará en gran medida cómo te percibe la gente y, mejor aún, la forma en que otros elegirán interactuar contigo. Si su voz es demasiado suave y lenta, se sentirá abrumado. Los estudios han demostrado que aquellos que muestran voces bajas dan la impresión de ser débiles e inexpertos. En el extremo opuesto, sin embargo, una voz aguda y fuerte es percibida como poco confiable, arrogante e impaciente. La voz ideal es firme, bien definida y a un ritmo y volumen medio. Incluso si estás diciendo un simple saludo, proyecta la voz que mejor se adapte al mensaje que quieres enviar.

2. Lenguaje corporal abierto e interesado

Sus gestos y posturas también están enviando mensajes. Puede que usted no sea consciente de ello, pero cada persona que se encuentre con usted responderá a la posición de su cuerpo. Para mejorar su simpatía, es imperativo que usted muestre un sentido de apertura.

- Vuélvete hacia la persona con la que estás hablando.

Su cara puede estar inclinada hacia su compañero de conversación, pero ¿qué pasa con el resto de su cuerpo? Cuando usted es rechazado, su lenguaje corporal podría ser interpretado como desinteresado o nervioso. Enfrentarlos de frente, sin embargo, hará que parezcas interesado e interesado en la conversación. Esto, a su vez, hará que la gente se sienta más inclinada a comprometerse con usted.

- <u>Gesto con las manos o deje que sus brazos cuelguen sueltos</u>

La gente tiende a pasar por alto lo que hacen sus brazos cuando conversan, pero esta es otra señal reveladora de cómo se siente una persona. Los brazos apretados y bloqueados dan la impresión de ser alguien inseguro o rígido. Para que parezca más agradable, déjelos colgando y, si puede, haga un gesto mientras habla. La gente tiende a responder bien a alguien que es expresivo con sus manos. Esto demostrará que usted se siente cómodo, seguro y entusiasmado con la situación en cuestión.

- <u>Refleja el comportamiento de tu compañero de conversación</u>

Los humanos tienen una profunda necesidad de hacer conexión con alguien más. Una manera efectiva de encender los sentimientos de conexión es imitar el comportamiento de alguien en una conversación. Cuando dicen algo y sonríen, intenten sonreír también. Si ellos toman un sorbo de su bebida, tú también deberías hacerlo. Esto hará que la otra parte sienta que usted está alineado con ellos, como si estuviera en la misma página. Sin embargo, para que el reflejo funcione con éxito, es importante que no lo haga durante toda la conversación, ya que esto parecerá antinatural y es probable que la otra persona lo note. Los psicólogos también aconsejan no hacer un reflejo de inmediato. Si una conversación no ha tenido tiempo de encontrar su ritmo, cualquier mimetismo consciente será visto como tal.

- Postura suelta y erguida

Todos sabemos que estar de pie y derecho transmite una impresión más atractiva, pero eso no es todo. Nuestra postura también debe ser bastante floja, ya que esto le dice a la gente que somos acogedores y cómodos. Las personas que se mantienen erguidas y rígidas tienden a parecer inaccesibles y a veces incluso severas.

3. Parecer contento de estar allí

Cuando una persona parece feliz de estar donde está, se ve cómoda y segura de estar cerca. Cuando nos encontramos con alguien que aparece de esta manera, también nos sentimos instintivamente cómodos, y sentimos que su compañía debe ser agradable. Esto es similar a mostrar un lenguaje corporal abierto, pero no del todo igual. El lenguaje corporal abierto dirá que estamos disponibles, pero un aura feliz y agradable realmente enviará la invitación.

- Sonriendo la cantidad justa

La señal más reconocible de felicidad es la sonrisa, y es una manera fácil de transmitir su placer. Mantenga una sonrisa relajada en su rostro y descubrirá que más personas comienzan a interactuar con usted. Sonríe a los intervalos apropiados cuando alguien está contando una historia y sonríe cuando veas a alguien que conoces. Sólo tenga cuidado de no sonreír demasiado o demasiado si no es completamente genuino. Una sonrisa falsa puede ser alarmante y espeluznante, y puede producir un efecto adverso.

- Asegúrese de que su expresión neutra sea relajada y agradable

Muchos de nosotros perdemos el control de nuestras expresiones neutrales. Creemos que parecemos perfectamente normales, pero otras personas podrían pensar que somos inaccesibles. ¿Has visto alguna vez a alguien con Resting Bitch Face (RBF)? Exactamente. Manténgase consciente de cuál es su expresión neutra. Incluso si usted está deambulando por la mesa de bocadillos para tomar más comida con los dedos, mantenga su expresión relajada, con las comisuras de los labios ligeramente hacia arriba. Esto no es una sonrisa completa, pero transmite el mensaje de que usted está feliz de estar allí.

¿Qué determina el comportamiento probable?

El comportamiento probable no se compone de un conjunto aleatorio de rasgos y acciones, sino que todos ellos se pueden reducir a las mismas necesidades básicas. Buscamos garantías básicas en cada persona que encontramos y esto determinará cuán positivamente respondemos a ellas, así como cuán probable es que volvamos a buscar su compañía. Si usted tiene en mente las tres necesidades básicas de sus compañeros de conversación, es posible que se encuentre exhibiendo un comportamiento agradable de manera natural.

- Seguridad

Puede que no se den cuenta de esto, pero una serie de cualidades que buscamos, como la proximidad y la confianza, pueden atribuirse a nuestro deseo de seguridad. La naturaleza animal básica en todos nosotros quiere asegurar que no recibiremos amenazas a nuestro bienestar. No se trata sólo de nuestra seguridad física, sino de nuestro sentido del yo tal como lo conocemos. Queremos evitar las amenazas emocionales y mentales, al igual que queremos evitar una amenaza física. Cuando una persona demuestra ser accesible o confiable, esencialmente está diciendo: "Estás a salvo a mi alrededor". Una vez que nuestro cerebro capta esta señal, nos relajamos y nos abrimos a la posibilidad de conexión.

- Importancia

Una vez que establecemos que estamos seguros, nos ablandamos con la idea de conectarnos, pero no estamos allí inmediatamente. También queremos sentirnos significativos e importantes a cierto nivel. No basta con que una persona sea accesible. Si realmente no están escuchando lo que estamos diciendo, o siempre están mirando por encima de nuestro hombro porque están esperando una oportunidad para hablar con alguien más, lo más probable es que no nos impresionen del todo. Incluso si alguien está sonriendo y actuando muy amablemente, siempre podemos sentir cuando nuestra presencia es verdaderamente valorada y deseada. Naturalmente, queremos estar donde se nos aprecia.

- Expansión

Un nuevo conocido nos ha hecho sentir cómodos y significativos en su presencia - pero todavía falta algo. La guinda del pastel es la expansión y una oportunidad de crecimiento. El deseo de evolucionar y ser mejores de lo que somos es una necesidad humana natural. La solución a esta necesidad puede tomar muchas formas, pero todo se reduce a una sensación de emoción y un desafío positivo.

Cuando encontramos a alguien que nos entretiene y estimula intelectualmente, nuestra necesidad de expansión mental y emocional se satisface. Esta necesidad también abarca el humor ya que lo que encontramos verdaderamente divertido, subconscientemente hace cosquillas a nuestro intelecto. Todos hemos encontrado chistes que consideramos "demasiado tontos" o chistes que simplemente "no entendemos".

Esta es la necesidad más difícil de cuidar ya que el gusto personal puede jugar un papel importante aquí. También es importante notar que las personas que pueden cuidar de las necesidades de expansión de los demás son usualmente del mismo nivel de CI. Lo que una persona encuentra interesante puede ser extremadamente aburrido o confuso para otra persona.

Los Siete Malos Hábitos que lo Están Haciendo Desagradable

¿Recuerdas al tipo desagradable de antes? Está mostrando una miríada de desviaciones sociales que están enviando los mensajes equivocados.

Pero ¿quieres saber una idea aterradora? Usted también ha cometido algunos de esos errores antes. De hecho, es posible que incluso los haga hasta el día de hoy. Examinemos algunos errores sociales clásicos y menos conocidos, para que puedas empezar a ser más agradable ahora mismo.

1. Constantemente en el teléfono

Nadie debería sentirse mal por echar un vistazo a su teléfono o escribir un mensaje de texto rápido, pero en esta época moderna, tal moderación es rara. Si tienes el teléfono contigo constantemente, y se te ve hojeando por los medios sociales mientras estás en compañía de otras personas, vas a dejar una mala impresión. Ser absorbido por su dispositivo cuando otras personas esperan que usted permanezca presente es visto como extremadamente grosero. ¿Empezarías a leer un libro en medio de una reunión social? Cualquier persona decente no lo haría, y esto no es muy diferente a las distracciones telefónicas frecuentes. Guarde este comportamiento para cuando esté solo o en una reunión muy informal.

Si está esperando una llamada o intentando resolver algo importante a través de un mensaje de texto, hágalo en otra habitación. O alternativamente, pídele disculpas a la gente con la que estás y explícale cómo estás tratando un asunto importante. Este consejo también se aplica a las conversaciones telefónicas ruidosas en público. Busca otra habitación o baja la voz.

2. Sentarse encorvado en su asiento

A menos que estés en la casa de tu mejor amigo para una reunión casual, encorvarte o caer en tu asiento es una señal de que eres perezoso o sumiso. Para la gente que no conoces, puede incluso transmitir una total falta de interés en lo que dicen. Al encorvarse, usted hace que su cuerpo parezca más pequeño, e instintivamente interpretamos esto como una falta de confianza y poder.

3. Contacto inapropiado o falta de contacto visual

Observar lo que alguien hace con sus ojos es una gran manera de obtener una buena lectura de ellos. ¿Están mostrando juicio al mirar a todos hacia arriba y hacia abajo? ¿Están siendo misóginos al mirar a las mujeres de manera inapropiada? ¿O son torpes y distantes, sin hacer ningún contacto visual? Todo lo anterior son ejemplos de lo que puede desconcertar a un nuevo conocido. Evite cometer esos errores.

4. Mala higiene

Cuando alguien huele mal o parece que no se ha lavado en días, dice: "No puedo cuidarme solo". Como animales inteligentes que están interesados en la autopreservación, estamos programados para ser repelidos por algo que pensamos que está sucio. Subconscientemente lo asociamos con caldos de cultivo para organismos y enfermedades que podrían amenazar nuestro bienestar. Incluso si sabemos que una persona no está enferma, el animal que se conserva en nosotros ha aprendido a tener esta reacción ante situaciones, objetos o personas potencialmente antihigiénicas.

Por supuesto, nadie deja de cuidar a un amigo o ser querido porque tienen mala higiene, pero es la razón por la que tenemos el impulso de taparnos la nariz y sentarnos más lejos de ellos. Estas reacciones no conducen a interacciones sociales positivas.

Este reflejo está conectado a nosotros de la misma manera que no podemos evitar parpadear y producir lágrimas cuando una partícula extraña entra en nuestros ojos. Estas son las formas en que el cuerpo vivo ha aprendido a hacer frente a las amenazas potenciales.

Por esta razón, la mayoría de las personas (excepto las que ya viven en condiciones insalubres) son repelidas por una mala higiene. Aunque es perfectamente normal tener un día sudoroso de vez en cuando, hará que no pueda seducir o conectarse con las personas como lo haría usualmente.

5. No participar en las conversaciones

Ser misterioso es una cosa, pero si siempre estás en silencio en ambientes sociales, esto puede hacer que parezcas poco amistoso o incluso tonto. Cuando la gente reservada está en presencia de sus amigos salientes, es natural dejar que los que hablan hablen, pero deben resistirse a este impulso. Incluso si es sólo una frase o una pregunta aquí y allá, asegúrate de que estás contribuyendo con algo en cada conversación en la que estés involucrado. Es muy sencillo: si no ofreces nada, parece que no tienes nada que ofrecer.

6. No vestirse apropiadamente

¿Recuerdas lo que dijimos de vestirse bien para cada ocasión? No todo el mundo tiene un gran sentido del estilo, y eso está bien, pero al menos, debes asegurarte de vestirte adecuadamente. Esto aplica a hombres y mujeres. Guarda tus faldas y camisetas de tirantes para las fiestas con tus buenos amigos, no las utilices para eventos formales o reuniones con los padres de tu pareja. Tenga en cuenta lo siguiente: Vístase siempre alineado con el mensaje que desea enviar a la habitación.

7. No respetar el espacio personal

El espacio personal es más que simplemente interponerse en el camino de alguien o tocar a alguien que no conoces bien. Abarca conductas como cortar frente a un extraño en la fila, pasar por las pertenencias de alguien sin permiso, o entrar a la habitación, oficina o casa de alguien sin llamar primero. Incluso las acciones que pretenden ser amistosas, como abrazar por la fuerza a alguien que no conoces, pueden ser experimentadas como una violación del espacio personal. Depende de si se le dio el consentimiento verbal o no verbal para entrar en el espacio de alguien o tocar su propiedad (y esto incluye su cuerpo).

Siempre respete la privacidad de los demás y su derecho a rechazar el contacto físico. Cualquiera que presencie tal invasión lo verá como irrespetuoso y socialmente inepto.

Nunca pierdas de vista la forma en que te presentas al mundo, ya sea física o conductualmente. Una conversación es mucho más que nuestras comunicaciones verbales; también se trata de lo que decimos con nuestras acciones y respuestas. Para dominar verdaderamente las habilidades de conversación, debes conquistar el arte de la conducta agradable.

Capítulo 2 - Los fundamentos de una buena conversación

Has aprendido a comportarte en público, pero el viaje está lejos de terminar. Tan pronto como abres la boca para entrar en una conversación, te encuentras en una situación diferente y un nuevo conjunto de habilidades entra en juego. Nuestra imagen es una cosa, pero tan pronto comienza esta fase de la comunicación, la gente finalmente llega a ver cómo esa imagen se compara con lo que decimos y cómo lo decimos. ¿Somos todo lo que nos presentamos a nosotros mismos? ¿Somos tan impresionantes como las palabras de nuestro currículum? ¿Tenemos tanta clase como la forma en que nos vestimos?

Cómo causar una gran primera impresión

Usted puede pensar que las interacciones cortas son más fáciles de lograr, pero eso no podría ser menos cierto. A diferencia de las charlas sentadas o las conversaciones largas, usted tiene menos tiempo para ganarse a la otra parte. Si te comportas mal o dices algo que no debiste, antes de que te des cuenta, así es como te recordarán de ahora en adelante. Tienes un intento y luego se termina hasta la próxima reunión, si es que existe.

Aprender a dominar las primeras impresiones y las charlas son cruciales para muchos eventos que dan forma a la vida. Un posible nuevo empleador no tiene tiempo o el interés de conocerte en profundidad, necesitas encantarle en poco tiempo. Y la misma regla se aplica a ese lindo niño o niña con el que te encuentras a veces. Necesitas dar una buena impresión antes de conseguir esa reunión o cita.

Para convertir ese encuentro de una sola vez en algo más, aquí hay algunos consejos esenciales:

- **Mantequea tu presentación**

No digas simplemente: 'Mi nombre es Peter', di: 'Mi nombre es Peter, es un placer conocerte'. Esto hará que otra persona tenga una buena impresión tuya. Hemos establecido que los humanos disfrutan sintiéndose seguros y significativos; esta es una manera fácil y sencilla de marcar ambas casillas inmediatamente.

- **Aprende a dar un buen apretón de manos**

Muchos empleadores potenciales y contactos profesionales prestan atención a la forma en que usted les da la mano. Tenga en cuenta estos tres factores principales: la fuerza de su agarre, la duración y la posición de su mano.

El apretón de manos perfecto no debe ser demasiado suave, ni demasiado apretado, sino perfectamente firme. Usted debe estrecharles la mano no más de tres segundos, pero lo ideal es que sean dos segundos. Durante el apretón de manos, el brazo también debe estar perfectamente vertical. Nunca muestre la parte inferior de su muñeca o la parte superior de su antebrazo, ya que esto muestra sumisión o dominación respectivamente.

Tenga en cuenta que si usted da la mano a un individuo que pone su mano en la parte inferior, con su muñeca expuesta, esto significa que están haciendo un juego de poder. Si te empujan hacia ellos mientras te estrechan la mano, también están realizando un movimiento de poder. Estos son signos clásicos de ejercer el dominio. No aconsejamos hacer estos juegos de poder con otras personas, a menos que estés preparado para un poco de tensión.

- **Sea considerado**

Hay una buena razón para que este encuentro sea breve. Tal vez esté hablando con alguien mientras están en el trabajo, entre reuniones o en un evento social lleno de gente. Cualquiera que sea el escenario, tenga en cuenta el tiempo y la atención de los demás. Considere las circunstancias y pregunte en qué momento podría convertirse en una intrusión. ¿Estás tratando de hablar con alguien mientras trabaja? ¿O tal vez están en su breve pausa para el almuerzo y tú los sostienes en el pasillo de la oficina? No insista en mantener la atención de una persona por mucho tiempo, cuando usted sabe que no es la única razón por la que está allí.

- **Haga contacto visual**

Durante los encuentros rápidos, muchas personas rehúyen el contacto visual. Ya sea debido a la incomodidad social o porque te han cogido por sorpresa, resiste la tentación de dejar que se vea esta incomodidad. Haga suficiente contacto visual con la persona con la que está hablando, pero también resista el impulso de mirar fijamente. Míralos directamente mientras hablan. Para conversaciones individuales, debe romper el contacto visual cada 7-10 segundos. Para los ajustes de grupo, sin embargo, intente romper el contacto visual entre 4 y 6 segundos.

- **Haga una pregunta para demostrar que está interesado**

Es una charla rápida, seguro, pero está bien hacer una pregunta siempre y cuando sea fácil de responder y no tengan prisa por llegar a ninguna parte. Esto demuestra que estás interesado y curioso sobre ellos, ya que elegiste hacer una pregunta cuando no tenías que hacerlo. Esto es aún más importante para las entrevistas de trabajo, ya que los empleadores esperan preguntas e incluso juzgan a los posibles empleados basándose en las preguntas que formulan.

Cualquiera que sea la situación, asegúrese de que las preguntas que haga durante los encuentros breves no sean demasiado personales o que requieran mucho tiempo.

- **No seas *demasiado* honesto cuando respondas a la pregunta "¿Cómo estás?"**

Hay algunas personas con las que *podemos* ser honestos sobre cómo lo estamos haciendo, pero todas ellas son personas que ya conocemos bien, en cuyo caso, hace tiempo que hemos pasado la etapa de preocuparnos por las primeras impresiones. Con el resto, sin embargo, es mejor mantenerlo ligero y positivo. Incluso si usted está pasando por un período difícil en su vida, infravalórelo de tal manera que la otra persona no sienta de repente que tiene que preguntar qué es lo que está mal y consolarlo. Di algo como: "He estado mejor, pero estoy seguro de que las cosas mejorarán pronto". A menudo, cuando la gente te pregunta cómo estás, lo hacen por cortesía y buen decoro social. Guarde sus respuestas largas y honestas para sus buenos amigos y familiares. Y siempre recuerde hacer la misma pregunta a la otra persona.

- **Utilizar factores desencadenantes ambientales**

Si no se te ocurre nada que decir, mira a tu alrededor. ¡Hay material por todas partes! Si te encuentras con alguien en una tienda de comestibles, puedes preguntarle si compra allí con frecuencia. Si el encuentro tiene lugar en la estación de tren, puedes compartir hacia dónde vas y preguntar hacia dónde se dirigen también. Si la persona en cuestión lleva algo especialmente llamativo, ¡hágale un cumplido! Mira a tu alrededor en el momento y te darás cuenta de que hay mucho de lo que hablar.

- **Dar una despedida edificante**

A veces tienes suerte y la persona con la que te has encontrado es alguien a quien quieres volver a ver pronto. Puedes hacer planes y separarte con un feliz, "¡Nos vemos el martes!" La mayoría de las veces, sin embargo, probablemente te encuentras con alguien a quien no te importa volver a ver, o con alguien a quien no estás seguro de volver a ver, como un posible empleador. Para causar la mejor impresión, envíelos con algunas palabras de despedida positivas y edificantes. Dígales "¡Que tengan un buen día!" o deles buenos deseos con respecto a lo que han compartido con usted. Por ejemplo, "Buena suerte con tu maratón" o "Diviértete en la cena".

Gane en una pequeña charla con el modelo ARE

Si quieres una fórmula sencilla y fácil para una buena charla, esta sección es para ti. Carol Fleming, experta en comunicaciones y entrenadora, creó un método de tres puntos para ayudar a las personas a mejorar en la conversación. Este plan funciona tanto para gente tímida como para gente segura de sí misma. ARE significa:

- **Ancla** - Para empezar, encuentre algo que usted sea su compañero de conversación y que ambos tengan en común en el momento actual. Fleming describe esto como tú realidad compartida". Mire a su alrededor y vea lo que nota. Podría ser cualquier cosa, desde la comida que se sirve o alguien con un traje escandaloso que ambos puedan ver. Anclar implica elegir un enfoque y afirmar la observación. Por ejemplo, digamos que estás haciendo una pequeña charla en una fiesta de lujo. Díselo a un nuevo conocido: "Estos aperitivos son deliciosos."

- **Revelar** - Luego viene algo sobre ti. Comparte un comentario ligeramente personal que sea relevante para el tema que acabas de mencionar. No tiene que ser complicado o alucinante. Esto es sólo para establecer la dinámica de compartir con los demás. Podrías decir: "Ojalá pudiera hacer algo así, pero no soy muy hábil en la cocina".

- **Anime** - Finalmente, usted le da a su conocido una oportunidad para responder. Enfóquese en ser amigable y alentador para que ellos compartan información sobre sí mismos con usted. Esto debería tomar la forma de una pregunta. Una idea es: "¿Eres un buen cocinero? ¡Pareces alguien con muchos talentos ocultos!"

Siempre que se sienta nervioso o más inestable de lo habitual, recuerde esta fórmula para volver a la rutina de la conversación. No huyas de las charlas triviales. Es el precursor de una larga y atractiva conversación con un posible nuevo amigo o conexión profesional. Es el primer paso que conduce a todos los demás pasos. Tenga en cuenta estas herramientas para empezar a ganar en la charla.

Tres maneras esenciales de llevarse bien con cualquiera que conozca

Todos conocemos a alguien con un encanto aparentemente irresistible; alguien que es querido por todos los que conocen, sin importar el tipo de personalidad ni las circunstancias. El truco para llevarse bien con los demás no es la ciencia de los cohetes, pero sí requiere un gran cambio mental y de comportamiento. Puede que ya hayamos mostrado un comportamiento agradable, ganándonos el interés de un nuevo compañero de conversación, pero ahora necesitamos saber cómo mantener ese interés. Ahora que alguien nos ha dado la oportunidad de conocerlos, necesitamos un nuevo conjunto de habilidades para crear armonía conversacional.

1. Muestre interés genuino en los demás

Parece simple, ¿no? Y sin embargo, te sorprendería saber cuántos fracasan en este paso básico. Mostrar un interés genuino requiere algo más que asentir con la cabeza y sonreír. ¿Recuerda la necesidad social básica de significación? La persona con la que estás conversando debe sentir que te importa lo que dicen y quiénes son. Todos queremos sentirnos valorados y apreciados. Estos comportamientos pueden demostrar un interés genuino:

- Haga preguntas. Conozca mejor a la persona con la que está conversando, pero asegúrese de hacerlo de una manera que no sea interrogativa, y manténgase alejado de las preguntas que son demasiado personales a menos que las conozca bien. Si le están hablando de una actividad que les gusta, pregúnteles por qué les gusta, o cuándo empezaron.

- Presta atención. Cuando alguien está hablando, manténgase presente y escuche lo que está diciendo. La mayoría de la gente puede sentir cuando la persona con la que está hablando se ha quedado fuera de la conversación, y esto es un gran problema social. ¿Por qué querrías hablar con alguien que no está escuchando? No lo harías. Si alguien está contando una historia, trate de pintar un cuadro mental con los detalles que le están dando. Un buen truco es imaginar lo que dicen en una película.

- Muestre entusiasmo. Cuando alguien te hable, no asientas con la cabeza y parpadees como un tonto.

Sonría, luzca receptivo, y cuando compartan nueva información con usted, muestre entusiasmo. Cuando sea necesario, responda con frases como: "¡Wow, eso es muy interesante! Es genial oír eso". La gente siempre responde bien a la positividad entusiasta.

2. Sea amable

La gente que muestra amabilidad es agradable de estar cerca: eso es un hecho. Instintivamente nos sentimos seguros a su alrededor y desarrollamos confianza en ellos. Un acto o una palabra de bondad puede alegrar un día, y es un paso importante para llevarse bien con alguien. Será difícil encontrar a alguien que no se deje seducir por la bondad. Aquí hay algunas ideas para mostrar tu lado bueno:

- Demuestre buenos modales. Así es, todo lo que tus padres te enseñaron a decir por favor y gracias, a mantener la puerta abierta, a respetar el espacio personal y todo lo demás, son habilidades sociales valiosas. Los modales muestran consideración por los demás. La razón por la que se nos enseña esto cuando somos jóvenes es porque es la forma más básica de la bondad humana. Demuestra buenos modales y empezarás con buen pie.

- Empatizar. Esto no significa que tengas que escuchar los problemas de alguien y tomarle la mano; siempre podemos sentir empatía, incluso en asuntos pequeños. Tal vez, estás en una cena formal y la comida de alguien se olvida. Diga algo como: "Siento mucho que tenga que esperar. Siempre es molesto cuando la comida no llega a tiempo". Es simple, pero lleno de empatía. La otra persona sentirá inmediatamente que usted se preocupa por ella y será muy receptiva a cualquier otra cosa que usted diga.

3. Abrir

¿Recuerdas nuestra necesidad de expansión? No basta con ser amable y receptivo, también debemos demostrar a nuestros interlocutores que tenemos algo que ofrecerles. Hacemos esto abriéndonos, hablando de nosotros mismos, y respondiendo a lo que ellos dicen de una manera reflexiva, informativa o entretenida.

- Comparta sus experiencias. La mejor parte de esto es que puede ser cualquier cosa que le guste compartir. Los únicos requisitos son que sea apropiado y que no domine toda la conversación durante un largo período de tiempo. Puedes compartir cualquier cosa, desde un encuentro divertido que tuviste ese día hasta una experiencia fascinante que tuviste en el extranjero. Manténgalo interesante y omita los detalles innecesarios. Cuando compartimos historias con otros, les permite conocernos y les invita a ver lo que es interesante de nosotros.

- Comparta un pensamiento, sentimiento u observación interesante. Si no tienes ninguna experiencia relevante para compartir, o simplemente no puedes pensar en nada, entonces trata de responder a tu entorno actual o a la conversación que tengas a mano. Idealmente, sería algo que refleje su gusto personal o una opinión que usted tiene. Quieren conocerte, ¿recuerdas?

Seis consejos para resistir la timidez y la falta de confianza

Algunos de ustedes no pueden evitarlo, son tímidos y así es como son. Eres más cauteloso con la gente, y nunca has entendido cómo las cajas de charla pueden interactuar tan libremente con otras personas que no conocen. Incluso si tienes el deseo de socializar, terminas por no contribuir mucho a la conversación. A veces esto se debe a que tienes ansiedad social y falta de confianza, y otras veces, es sólo porque eres más reservado que la persona promedio.

No hay nada malo en ser tímido o reservado, pero definitivamente encontrarás situaciones en tu vida en las que tendrás que hablar más de lo que te sientes cómodo. Tal vez esté hablando con un posible empleador, o tal vez esté conociendo a los padres de una persona importante por primera vez. Para protegerse de momentos incómodos y silencios, tenga en cuenta estos consejos:

1. **Prepárese de antemano**

Si estás nervioso por una próxima interacción social, no hay nada malo en prepararse para ella con anticipación. Piense en historias interesantes para contar, y tal vez incluso practique la manera en que desea contarlas. Si te sientes seguro, prepara algunos chistes. Asegúrese de conocerlos bien, pero trate de no exagerar, ya que de lo contrario no sonarán naturales.

Si usted ya sabe acerca de los temas de conversación potenciales que la otra persona planteará, también es una buena idea pensar en cómo responderá usted. Por ejemplo, si estás a punto de pasar tiempo con alguien que recientemente ha viajado mucho, piensa en una experiencia de viaje interesante que hayas tenido, y practica contar la historia de una manera divertida. Usa lo que sabes de la gente con la que pasas el tiempo para crear grandes temas de conversación e historias.

Si estás a punto de conocer a los padres de tu pareja por primera vez y sabes que te preguntarán sobre tu carrera o dónde creciste, piensa en historias interesantes y relevantes que puedas compartir con ellos. Para estar más preparado, haga una lista de preguntas para hacer siempre que haya una pausa en la conversación.

Las interacciones planificadas pueden resultar muy bien, y lo mejor es que después te sentirás mucho más seguro.

2. Concéntrate lejos de ti mismo

Si temes ser el centro de atención, este es un consejo para ti. Hay muchas maneras de dirigir la atención hacia otra persona. Una forma segura es hacer muchas preguntas. En lugar de permanecer en silencio, trate de aprender acerca de otra persona. Esto reflexionará positivamente sobre ti, ya que también parecerás curioso e interesado, dos cualidades a las que la gente tiende a sentirse atraída. No tendrás que sentirte vulnerable y, sin embargo, sigues participando en la conversación.

Para mantener la atención fuera de ti durante el mayor tiempo posible, asegúrate de hacer preguntas abiertas, no sólo algo que pueda ser respondido con un "sí" o un "no". Si conoces a alguien de un lugar extranjero, pregúntale cómo es el lugar de donde vienen, y si estás hablando con un conocido del trabajo, pregúntale qué les gusta hacer los fines de semana. Para evitar ser el centro de atención, piense en más preguntas para mantener la conversación en evolución. De lo contrario, la otra persona probablemente preguntará "¿Y tú?

Comunicación En Las Relaciones

3. Concéntrese en conectar, no en impresionar

Durante los momentos de ansiedad, las personas tienden a olvidar que es más importante conectarse que impresionar. Si te concentras en impresionar, lo más probable es que te encuentres con que te esfuerzas demasiado y haces todos los movimientos equivocados. La gente puede sentir cuando alguien está tratando activamente de impresionar, y esto tiende a producir una reacción negativa. En lo que deberías centrarte es en la conexión genuina. Conozca a la otra persona, simpatice con ella y no tenga miedo de hacerle un cumplido genuino. En lugar de pensar en todas las formas en que puedes presumir, escucha realmente lo que están diciendo y responde de una manera reflexiva. Trate también de descubrir sus intereses comunes.

4. No seas alguien que no eres.

La gente tímida nunca debe olvidar este hecho. En la búsqueda de mejores habilidades de conversación, puede ser fácil sentir que estás tratando de ser otra persona, pero es importante recordar que no es así en absoluto. No se trata de darte a ti mismo cualidades que no tienes, se trata de desarrollar suficiente confianza para compartir las cualidades que posees con otras personas. Las personas tímidas nunca deben sentir la necesidad de fingir que son extrovertidas o gregarias. Se trata de acostumbrarse a incluir tus grandes cualidades y experiencias interesantes en una conversación más amplia.

Hay muchas maneras en que la gente finge ser alguien que no es. A veces esto se manifiesta en historias falsas y mentiras, y a veces incluso en personas falsas y comportamientos forzados. Si te encuentras haciendo esto, tu intento de socializar será contraproducente. Las personas falsas atraen a otras personas falsas, y esto repelerá las conexiones significativas.

5. Reconozca que tiene algo que aportar

Todos hemos vivido vidas únicas y necesitamos reconocer que hay algo en todos nosotros que nos hace interesantes. Nadie ha vivido exactamente la misma vida que tú. Usted puede compartir la misma ciudad natal, los mismos padres, o incluso un trauma similar a alguien más, pero nadie posee la misma combinación de educación, experiencias y opciones que usted. Esto significa que eres único y que tienes algo que aportar que nadie ha escuchado antes. Necesitas reconocer que tienes ideas valiosas. Puede que te sientas tímido o reservado, pero considera el hecho de que otras personas en la conversación podrían beneficiarse de escuchar tu punto de vista.

6. Comprender que no todo el mundo es tan seguro de sí mismo como parece.

Usted no está solo. Es muy probable que incluso la persona con la que está hablando esté luchando contra sus impulsos de fumar. Aunque ciertamente hay muchas personas extrovertidas y socialmente cómodas por ahí, la mayoría de las personas se identifican como introvertidas. Incluso los individuos más exitosos como Mark Zuckerberg y Steven Spielberg son conocidos por tener tendencias tímidas y ansiosas. Sin embargo, nunca lo adivinarías con el número de apariciones públicas que ambos han hecho y, lo que es más importante, con la confianza que se han encontrado. Sepa que usted también puede parecer tan seguro de sí mismo, incluso si no se siente así en el fondo.

Capítulo 3 - Encendiendo Interacciones Excepcionales

Has superado las primeras impresiones y las has convertido en una conversación completa. ¿Y ahora qué? En este punto, muchas personas se encuentran sin palabras, inseguras de qué decir exactamente a continuación. Ya les has preguntado cómo han estado, qué han hecho durante el verano, y les has dicho lo genial que es su ropa. Ahora, te miran expectantes y no tienes idea de cómo llenar el silencio.

Todos anhelamos discusiones comprometidas y un vínculo genuino, pero cuando uno se encuentra en ese silencio, puede sentirse imposible. ¿Cómo podemos hacer que lo que decimos signifique algo? ¿Qué podemos hacer para separarnos de los saludos de los tambores y de los "cómo estás"? ¿Cómo podemos ser conversadores interesantes?

Temas de conversación y consejos para cada escenario posible

Dependiendo de las circunstancias exactas, ciertos temas pueden ser más o menos apropiados para la ocasión. Sin embargo, hay una gran cantidad de temas que pueden encender una discusión fascinante, sin importar el contexto.

Para que la entrega sea más exitosa, se aconseja trabajar en nuevos temas de la manera más natural posible, en lugar de simplemente responder a una pregunta. Para obtener los mejores resultados, trate de incluir una historia u observación interesante que sea relevante para el tema.

Amigos

Deberíamos sentirnos cómodos con nuestros amigos, pero hay muchos escenarios en los que podríamos no estarlo. Por ejemplo, con nuevos amigos. O quizás, si estás hablando cara a cara con un amigo que normalmente ves con un grupo. Las dinámicas también cambian dependiendo de cuánta gente esté involucrada, y es prudente ajustar los métodos de comunicación al contexto exacto.

Con los grupos, es una buena idea hacer preguntas que den a todos la oportunidad de contribuir y compartir. Hacer preguntas demasiado personales en un grupo puede hacer que alguien se sienta en el punto de mira, y es probable que todo el grupo no quiera detenerse a escuchar la historia de una persona durante mucho tiempo. Mantenga las preguntas, en estos escenarios, abiertas a todos.

Por otro lado, cuando estás en una charla individual, la conversación puede ser muy atractiva si les haces preguntas que normalmente no harías. Echa un vistazo a estos ejemplos para ver algunas ideas:

Nuevos amigos

- ¿Hace cuánto que se conocen y cómo se conocieron?
- ¿Qué opina todo el mundo sobre el último episodio de [insertar programa de televisión aquí]?
- ¿Qué hicieron el fin de semana pasado?
- ¿Alguien tiene alguna historia graciosa de malas citas?
- ¿Qué es lo que todos están comiendo en Netflix en este momento?
- ¿Qué es lo más loco que has visto en las noticias últimamente?
- ¿Alguien aquí ha conocido alguna vez a una celebridad? Si es así, ¿qué pasó?

Comunicación En Las Relaciones

- ¿Cuál es el mayor problema en el que te has metido?
- Si la historia de tu vida se convirtiera en una película y este momento se convirtiera en una escena, ¿quién te interpretaría y a quién elegirías para interpretar a los demás?
- ¿Cómo dirías que has cambiado desde el instituto?

<u>Conversaciones uno a uno</u>

- ¿Cómo va el trabajo?
- ¿Estás saliendo con alguien estos días?
- ¿Qué piensas de la nueva novia/novio de [amigo en común al azar]?
- ¿Con qué frecuencia ve a su familia?
- ¿Qué es lo más vergonzoso que te ha pasado?
- ¿Te consideras introvertido o extrovertido?
- ¿Cuántas relaciones has tenido y cuál te ha dado más forma?
- ¿Cuál es la peor experiencia sexual que has tenido?
- ¿Cuáles son algunas de las metas que usted está tratando de alcanzar actualmente?
- ¿Alguna vez te has metido en una pelea física?
- ¿Qué culturas del mundo le fascinan más?

Conocidos del trabajo

Habrá una gama de niveles de intimidad con los conocidos del trabajo. Algunos pueden ser muy cómodos con usted mientras que otros se sienten distantes. Independientemente de lo bien que se lleven, siempre es mejor mantener conversaciones con los colegas de una manera profesional. Esto no significa que todas las charlas deban ser rígidas y formales, simplemente significa que deben permanecer dentro de un estrecho campo de temas. Con la excepción de raras circunstancias, las preguntas que son personales no se considerarán apropiadas.

- Si no tuvieras este trabajo, ¿qué estarías haciendo en su lugar?
- ¿Qué te gusta hacer los fines de semana?
- ¿Cómo se recarga después de una larga jornada laboral?
- ¿Tiene algún truco para pasar un día de trabajo estresante?
- ¿Cuál es el trabajo más raro que has tenido?
- ¿Alguna vez has estado enamorada de un compañero de trabajo?
- Si pudieras almorzar con alguien en el mundo, ¿quién sería?

Familia

A diferencia de nuestros amigos y parejas románticas, nosotros no elegimos a nuestra familia. Y el ADN compartido no siempre significa intereses compartidos. No es raro que el tiempo en familia sea incómodo. Ya sea con tu familia o con la familia de otra persona con la que pasas el tiempo, una cosa es segura: los temas familiares son siempre bienvenidos. Un buen punto de partida para iniciar una conversación es preguntar sobre una historia familiar específica, o preguntarles sobre su vida familiar anterior. Esto puede desencadenar una historia fascinante y el miembro de la familia elegido se sentirá conmovido por su curiosidad.

<u>Su familia</u>

- ¿Tenemos alguna reliquia familiar preciosa?
- ¿Cuál es nuestra ascendencia?
- ¿Cuál era su pasatiempo favorito cuando era niño?
- ¿Tenemos algún secreto de familia interesante que yo no sepa?
- ¿Estamos emparentados con alguien famoso?
- ¿A quién crees que me parezco más en nuestra familia?
- ¿Cuáles son algunos rasgos familiares dominantes?

Comunicación En Las Relaciones

- ¿Cuál es el momento más incómodo que has visto en una reunión familiar?
- ¿Cuál fue el primer trabajo que tuviste?
- ¿Cuáles son algunas de las mayores maneras en que el mundo ha cambiado desde que eras más joven?
- ¿Cómo era [miembro de la familia al azar] cuando era más joven?
- ¿Cómo se conocieron [los miembros de la familia casados]? (también siéntase libre de hacer esta pregunta directamente a los sujetos)

Romántico

Hay un poco más de espacio cuando se trata de conversaciones con un interés romántico. Esto se debe a que ambas partes a menudo están tratando activamente de conocerse, por lo que las preguntas que normalmente parecerían fuera de lugar no son tan inusuales. Por ejemplo, si usted está hablando con un conocido regular y le pregunta: "¿Cuánto tiempo duró su relación más larga? Pero en una cita con un interés romántico, se espera que nos conozcamos. Después de todo, usted está tratando de probar cuán compatible es.

- ¿Cuáles son sus placeres culposos?
- ¿Estás cerca de tu familia?
- ¿Te pareces más a tu madre o a tu padre?
- ¿Cómo eras cuando eras adolescente?
- ¿Cuánto duró su relación más larga?
- ¿Cómo crees que has cambiado en los últimos 10 años?
- ¿Cuál es tu lenguaje amoroso?
- ¿Prefieres noches divertidas o noches acogedoras?
- Si pudieras establecerte en cualquier país del mundo, ¿cuál elegirías?
- ¿Qué es una película, canción o libro que realmente ha dado forma a la forma en que ves el mundo?

- ¿Cuál es tu hábito más raro o interesante?
- ¿Cuál es tu forma favorita de experimentar la naturaleza?
- ¿Cuál es el trabajo de tus sueños?
- ¿Quiénes son tus mejores amigos y por qué?
- ¿Te consideras introvertido o extrovertido?
- ¿Cuál fue el aspecto más desafiante de su infancia?
- ¿Qué tan cómodo se siente con las demostraciones públicas de afecto?
- ¿Qué consideraría usted como un rompe-contrato en una relación o un socio potencial?

Los peores errores que puede cometer en una conversación

Una vez que empezamos a hablar activamente con alguien, hay muchas razones por las que la interacción podría caer de bruces. No siempre es por la razón que crees y las posibilidades son, aunque creas que eres socialmente adicto, que estás cometiendo al menos uno de estos errores.

1. Hablar demasiado de ti mismo

Si te ves como un narcisista, puedes decir adiós a una conexión humana genuina. Aunque a la gente le guste aprender sobre ti, no debes esperar que escuchen largas historias sobre tu vida sin pedir las suyas a cambio. Se necesitan dos para formar una conexión, y si no hay espacio para otra persona en la conversación, ¿cuál es el punto? Si usted se da cuenta de que está cambiando continuamente el tema de usted y su vida, deténgase y pregúntele a su interlocutor algo sobre su vida. Escuche atentamente mientras cuentan su historia, y no responda con algo sobre usted cada vez. En cambio, trate de reconocer lo que han dicho y extienda la comprensión o una observación.

2. Actuar como un sabelotodo

Debido a nuestra necesidad de expansión, nos gusta estar rodeados de gente inteligente. Sin embargo, no nos gusta estar cerca de sabelotodo. Usted se estará preguntando cuál es la diferencia, y la respuesta es simple: los sabelotodo son personas inteligentes que constantemente sienten la necesidad de demostrar que son inteligentes. ¿Vas por largas tangentes, explicando ideas complejas u oscuras a personas a las que no les importa y que no pidieron una explicación? ¿Se esfuerza por demostrar su amplitud de conocimientos porque quiere que se le reconozca? Podrías ser un sabelotodo. Esta puede ser otra forma de narcisismo, pero ocasionalmente puede significar una falta de autoestima. Los sabelotodo son a veces tan inseguros que se aferran al único rasgo del que se sienten seguros, su inteligencia. Si esto le suena conocido resista la tentación de demostrar lo inteligente que es todo el tiempo. Esto sólo alejará a la gente. Después de todo, si estás actuando por encima de ellos, ¿cómo pueden formar una conexión contigo?

3. Ser pedante

La pedantería a veces puede significar un sabelotodo, pero no todo el tiempo. Incluso las personas poco inteligentes pueden ser pedantes. ¿Qué significa ser pedante? Alguien que se preocupa demasiado por los detalles y las reglas sin importancia. Se esforzarán por corregir a la gente sobre hechos triviales, aunque no tengan relación con la conversación.

Digamos que le estás contando a un nuevo conocido sobre algo divertido que te pasó a ti y a tu amiga, Rhonda, que también está presente.

"Estábamos en un restaurante en la 3ª y Geary Street," comienzas a decir, "Y una mujer me pidió un autógrafo. Resulta que me confundió con una celebridad".

Tú y tu nuevo conocido se ríen, pero Rhonda dice: "En realidad, el restaurante estaba en la 3ra. y Brady, no en Geary". En este escenario, Rhonda está siendo pedante. Este detalle no es importante para la historia, pero ella tuvo que intervenir de todos modos. Después de este comentario, es probable que haya una pausa incómoda en la conversación. No interrumpas el buen humor por un detalle insignificante. Evite el impulso de corregir a las personas si no hay ninguna diferencia en la conversación. ¡Déjalo ir!

4. Sobrecompartir

Todos queremos formar una conexión emocional. Las amistades o relaciones íntimas pueden ser un gran catalizador para esto. Sin embargo, cuando usted comparte información que es demasiado personal con alguien que no es cercano a usted, esto se llama sobrecompartir. Volvamos a la socialmente torpe Rhonda otra vez. Se va a encontrar con un nuevo amigo por primera vez y están almorzando casualmente en la ciudad. Se da cuenta de que es lunes 3, y de repente recuerda que sus padres se divorciaron el lunes 3 hace muchos años. Comienza a contarle a su nueva amiga todo sobre el trauma que sufrió cuando sus padres se divorciaron.

El nuevo amigo acaba de recibir una sobrecompartición. Rhonda no conoce tan bien a su nueva amiga y ya ha empezado a compartir algo muy personal. Esto pone a la otra parte en un lugar incómodo porque todavía están llegando a conocerte, pero ahora sienten que necesitan consolarte. Guarde sus historias personales para cuando conozca a una persona razonablemente bien.

5. Ser pretencioso

La pretensión es muy común, y todos somos culpables de ello a veces. Podemos ser pretenciosos por muchas razones. Tal vez, queremos parecer más cultos, más populares, o simplemente más interesantes en general. Un sabelotodo también puede ser clasificado como pretencioso si su intención es impresionar a alguien. Una persona pretenciosa tiende a disfrutar presumiendo y exagerando algún aspecto de sí misma. Es posible que quieran impresionar a la gente demostrando que han leído libros oscuros que la mayoría de la gente no entiende, o que constantemente están quitando nombres a personas famosas que han conocido para que parezcan más influyentes. Sea lo que sea que intenten demostrar, a nadie le gustan las personas pretenciosas. Esto se debe a que la gente pretenciosa está jugando un juego, y otros pueden sentirlo. Ya que la gente responde más positivamente a la honestidad y la sinceridad, la pretensión puede arruinar tus posibilidades de conseguir que le caigas bien a alguien.

6. No prestar atención

Todos hemos conocido a alguien así. A veces son narcisistas que no pueden dejar de hablar de sí mismos, pero otras veces pueden parecer desinteresados y distraídos. Sin importar cómo se manifieste, todos hemos tenido una conversación con alguien que no parece estar escuchando lo que estamos diciendo. Parece como si sólo estuvieran esperando su oportunidad de responder. No escuchar a nuestro compañero de conversación es un gran error social. La otra persona siempre puede darse cuenta y aunque no lo muestre, es probable que les moleste.

7. Predicar y dar conferencias

Tendemos a asociar este tipo de comportamiento con nuestros padres o maestros - si no quieres que tus nuevos amigos piensen que eres una presencia molesta y molesta, entonces mantente alejado de todas las formas de predicar y sermonear. Las personas que juzgan pueden ser propensas a este tipo de comportamiento, pero otras veces puede ser el resultado de un intento de ayuda que salió mal. Ocurre cuando una de las partes siente que conoce el mejor curso de acción sobre un tema en particular, y en lugar de hablar con sus pares sobre el mismo, terminan hablando *con* ellos. Alguien que se involucra en este comportamiento constantemente tratará de decirle a la gente lo que `debería' hacer, y deambular de la misma manera que lo hacen los padres.

Si no está de acuerdo con algo que hizo un conocido o amigo, trate de hacer preguntas para incitar a la reflexión. O quizás comparta una experiencia similar de la que haya tenido u oído hablar, y explique cuáles fueron las consecuencias. Haga esto de una manera gentil y compasiva. Hay muchas maneras de hacer una sugerencia sin predicar.

8. Ser fácil de ofender

Los tiempos modernos han abierto muchas conversaciones importantes sobre la forma en que nos tratamos los unos a los otros. Sin embargo, algunas personas han ido demasiado lejos. Insisten en ofenderse incluso por cosas menores y se esfuerzan por culpar a cualquiera. Si está claro que no había intención de hacer daño, relájese y déjelo ir. Si alguien dice algo ignorante por falta de conocimiento en lugar de grosería, ilumínelo suavemente y luego siga adelante. Las personas que se ofenden o se molestan fácilmente hacen que los demás se sientan como si estuvieran caminando sobre cáscaras de huevo. ¿Y adivina qué? Nadie quiere hablar con una persona que le hace sentir así.

9. Hablar mal de los demás

Es un truco barato para tratar de relacionarse con alguien. No sabes de qué más hablar, así que tratas de conectarte con alguien por la aversión mutua hacia los demás. A veces hasta puede ser una forma al revés de felicitar a la persona con la que estás hablando. Por ejemplo, "¡Tienes una casa tan bonita! ¿Has estado en la casa de Jessica? Su decoración es *de* mal gusto. Y la casa de Kate es un desastre total. Definitivamente tienes la casa más bonita de todas." Desafortunadamente, esto funciona en algunas personas, pero este comportamiento se asocia comúnmente con los adolescentes y la política de la escuela secundaria. Los amigos que asumen esta dinámica animan las peores partes de la personalidad de cada uno.

Si estás buscando crear una conexión saludable que realmente enriquezca tu vida, no te aconsejamos que hables mal de otras personas. Los individuos maduros, seguros y emocionalmente estables serán rechazados inmediatamente por tal comportamiento. Si estás dispuesto a hablar así de otras personas que conoces, poco te impide hablar así de ellas.

Ideas para evitar conversaciones aburridas

Empecemos con una dura verdad: algunas conversaciones aburridas no se pueden evitar. ¿Por qué? Porque se necesita más de una persona para hacerlo interesante. Puedes decir todas las cosas correctas y sacar las técnicas más efectivas, pero si la otra persona es obstinada y cerrada, entonces no puedes controlar su comportamiento.

La buena noticia es que estos casos son una rareza. La mayoría de las personas tímidas y serias pueden ser sacadas de su caparazón con la persuasión correcta. La verdad es que todo el mundo tiene un lado humorístico, interesante o inusual - sólo tienes que averiguar cómo acceder a él.

1. Comparta una historia vergonzosa o inusual

Las conversaciones se vuelven aburridas cuando nadie se arriesga. Nadie está compartiendo nada nuevo, sólo están diciendo lo que sienten que deben decir. Sin embargo, cuando alguien comparte un pensamiento, sentimiento u observación genuinos, notará que su mente se despierta. Estamos conectados para encontrar la verdad y la honestidad interesante, porque es algo con lo que todos podemos conectarnos. Envía una señal de que podemos ser nosotros mismos. Si quieres abrir a un nuevo conocido y hacer que exponga un lado de su personalidad que no muestra a nadie, debes crear un ambiente seguro para él. Una buena manera de poner las cosas en marcha es compartir una historia propia. Si te hace parecer un poco vulnerable, ellos estarán mucho más comprometidos y probablemente compartirán algo similar contigo.

2. Identificar las pasiones y preguntar sobre ellas

No hay que pensarlo: a todo el mundo le encanta hablar de lo que le apasiona. Escuche lo que la gente dice que disfruta y pídales más detalles una vez que sepa lo que es. Este puede ser el trabajo de alguien, pero no siempre, ya que mucha gente no disfruta realmente de su trabajo. Para averiguar cuáles podrían ser estas pasiones, preste atención a lo que la gente dice que hacía los fines de semana o no sea tímido, ¡sólo pregúnteles cuáles son sus pasatiempos favoritos!

3. Haga una pregunta abierta

Usted está completamente dentro del poder de redirigir el curso de una conversación si así lo desea. Una buena manera de hacer esto es haciendo preguntas. Sin embargo, manténgase alejado de las preguntas de "sí" o "no", ya que esto le dará a la gente la oportunidad de dar una respuesta corta. Una pregunta abierta les obligará a elaborar y llevar su respuesta a un lugar más interesante. Como tendrán que pensar más en su respuesta, estarán más involucrados en la conversación. En lugar de la pregunta "¿Disfrutas de tu nuevo trabajo?", intenta preguntar "¿Cómo es tu nuevo trabajo y qué disfrutas de él?" Si todo lo demás falla, pida su opinión honesta sobre algo.

4. Responder de manera genuina y elaborada

Ya hemos establecido que la gente responde a la honestidad. Es por eso por lo que siempre debes responder a la gente de manera genuina y sin pretensiones. Tenga en cuenta que esto es diferente a ser brutalmente honesto, donde podemos compartir una verdad inapropiada o dañina. Ser genuino simplemente significa que no estamos tratando de ser alguien que no somos. Cuando hablamos en forma elaborada, le damos a la otra persona más a quien responder.

5. Abraza tu lado tonto

En otras palabras, contar un chiste de vez en cuando. Ponga un poco de humor en su forma de hablar. Sólo manténgalo apropiado y maduro, evitando todo el humor que degrada a otra persona. La tontería no sólo significa caras tontas o bromas (¡evita esto a menos que estés con buenos amigos!), sino que significa infundir un sentido de lo ridículo en tu conversación.

6. Alégrate

Todos queremos evitar conversaciones aburridas, pero escucha, no te estreses. Lo más probable es que tus compañeros de conversación sepan cuándo te estás esforzando al máximo. Puede incluso manifestarse en una seriedad excesiva o en una intensidad excesiva que puede desanimar a la gente. Parte del truco es tomárselo con calma y divertirse. Alégrate. Mantenga todos estos consejos en mente, pero sea natural y exuda positividad, no importa cómo se desarrolle la conversación.

Tres reglas generales para iniciar una conversación interesante

1. Plantee algo que *le* parezca interesante

Una forma en que tendemos a sabotear una conversación es sacando a relucir sólo los temas que se supone que debemos sacar a relucir. Nos ceñimos a temas seguros porque creemos que eso es lo que se espera de nosotros. Desafortunadamente, esta es una fórmula bastante común para una conversación aburrida - y ¿por qué esperarías algo más que eso? Después de todo, ni siquiera a ti te importan estos temas, ¿verdad? Para que una conversación sea realmente interesante, plantea un tema que te fascine. Hay una buena posibilidad de que si lo encuentras atractivo, la otra persona también lo hará.

2. Profundizar los temas de conversación con el tiempo

Es completamente normal empezar con un tema desenfadado. Todos tenemos que entrar con calma. Sin embargo, siempre podemos hacer que nuestras conversaciones sean más interesantes si las llevamos a un nivel más profundo. Y no tengas miedo de la palabra "profundo". Esto no significa que necesites hablar de existencialismo o de una angustia traumática. Sólo significa que necesitas llegar al núcleo del tema y hacer que sea completamente identificable.

Por ejemplo, digamos que dos personas empiezan hablando de sus gatos y de todos los hábitos divertidos y adorables que tienen sus pequeños amigos felinos. Si se limitan a este aspecto de sus gatos, finalmente se quedarán sin cosas que decir. Para mantener las cosas interesantes, necesitan llevar el tema a nuevas profundidades. Deberán contar las historias de cómo encontraron a sus gatos, completas con las emociones de todo ello, y deberían discutir cómo es que sus gatos aportan tanto a sus vidas. Podrían considerar preguntas interesantes sobre las relaciones entre mascotas y propietarios, o sobre los beneficios únicos que un gato aporta y un perro no. Profundizar un tema crea un vínculo. Inténtalo en tu próxima conversación.

3. Sea lo más específico posible

Hablar en términos vagos y generales es una manera segura de aburrir y frustrar a su interlocutor. Si alguien te pregunta qué te gusta hacer los fines de semana, no digas: "Me gusta salir con amigos". Dé una respuesta más completa. Cuando ofrecemos generalidades, esto no da a nuestros compañeros de conversación ningún material al que responder. Esto puede resultar en incomodidad o en conversaciones tensas. También envía el mensaje de que no estás muy entusiasmado con la conversación en cuestión.

En lugar de la afirmación anterior, diga algo más detallado como: "Me gusta salir con amigos. Disfrutamos de ir de excursión a clubes nocturnos los fines de semana y cuando eso es demasiado, nos gusta hacer viajes por carretera a la naturaleza". La declaración modificada abre dos nuevas puertas: los clubes nocturnos y la naturaleza. Siempre trate de abrir nuevas puertas con sus respuestas. Facilita las cosas a tus nuevos conocidos!

Capítulo 4 - Cultivando el Carisma y el Magnetismo

Una cosa es tener conversaciones placenteras de vez en cuando, pero ¿qué pasa si quieres más que eso? Algunos de nosotros estamos bendecidos con carisma y magnetismo. Esto significa que usted no tiene que perseguir interacciones y personas interesantes, sino que parece que lo encuentran a usted. Una pequeña parte de la gente es dotada y naturalmente magnética, pero el resto de nosotros no debemos perder la esperanza. Como la mayoría de las cosas en la vida, no es necesario tener talento para ser bueno en algo. Sólo necesitas la autoconciencia, el conocimiento y la práctica.

Todos hemos conocido a alguien con carisma y magnetismo. La gente se siente atraída hacia ellos como polillas a la luz, simplemente porque su presencia es energizante y agradable. Los individuos magnéticos llevan las habilidades de comunicación a un nuevo nivel. Saben qué reglas deben seguirse estrictamente, cuáles deben romperse y cuáles son excepciones en determinadas circunstancias.

A los individuos magnéticos les resulta más fácil que a la mayoría lograr el éxito profesional, a los grandes grupos de amigos y a una amplia variedad de opciones románticas. El desarrollo de estas cualidades no es tarea fácil, pero se puede hacer. Primero, sin embargo, usted necesita saber los secretos.

Los Trece Secretos para Desarrollar una Personalidad Magnética

1. **Cultivar la autosuficiencia emocional**

Podría decirse que una de las cualidades más poderosas para desarrollar, la autosuficiencia emocional es una de las principales fuerzas impulsoras detrás de los individuos magnéticos. En pocas palabras, significa la capacidad de monitorear sus propias emociones y necesidades, y entender exactamente cómo satisfacerlas sin ayuda externa. No hay dependencia de que otras personas se ocupen de sus necesidades porque ellos mismos saben cómo hacerlo. Ellos han dominado la enseñanza de 'No puedes controlar las acciones de otras personas, sólo tus reacciones' y viven de cerca por ello. Se centran en lo que pueden controlar y nada más. Otras personas se sienten atraídas por esta cualidad porque hace que una persona parezca estable, segura e inteligente. Tendemos a confiar en alguien que tiene control sobre sus emociones, ya que da la impresión de madurez.

2. Su presencia debe dar tanto como sea necesario

Una personalidad verdaderamente magnética no opera desde una filosofía de "yo, yo, yo, yo". De hecho, se aseguran de que otras personas en la conversación obtengan algo que también necesitan. A veces es empatía, aliento, honestidad gentil o incluso reconocimiento. No tienen miedo de felicitar a los demás, y cuando lo hacen, viene de un lugar genuino, en lugar de simplemente querer sumar puntos. Pueden compartir historias interesantes sobre sí mismos, pero más que esto, sienten curiosidad por otras personas, hacen preguntas y comparten comentarios que son útiles y auténticos. Cuando la gente se beneficia de una interacción con usted, ya sea mental o emocionalmente, es mucho más probable que busquen su compañía de nuevo.

3. Aprender a equilibrar la inteligencia, el humor y la amabilidad

Estas tres cualidades son algunas de las más difíciles de aprender, pero cuando se usan en conjunto, pueden ser irresistibles. La inteligencia nos permite acceder a una gran cantidad de datos, el humor los hace divertidos y la amabilidad crea el vínculo. Las personas con un fuerte magnetismo utilizan esta trifecta para su beneficio y con ella encantan a la gente instantáneamente.

4. No tenga miedo de la vulnerabilidad

Mucha gente comete el error de parecer demasiado dura e impermeable. Contrariamente a la creencia popular, esta no es una buena manera de atraer conexiones interesantes. Aunque puede impresionar temporalmente o incluso intimidar a la gente, no hará que nadie anhele su compañía. Esto se debe a que el machismo o la dureza es un pretexto, y sólo atraerá a la gente que pone el mismo pretexto. Las personas magnéticas no tienen miedo de ser vulnerables. Si es relevante y apropiado, no tienen ningún problema en compartir un comentario sincero o permitir que alguien vea sus verdaderos sentimientos. Lo hacen de una manera que no busca llamar la atención o compartir en exceso. La gente se siente atraída por esto porque estamos comprometidos con la sinceridad.

5. Aprende a leer a la gente como un libro

Se necesita más de una persona para crear una interacción social exitosa. Es por eso por lo que un gran comunicador no sólo se enfoca en su propio comportamiento, sino que también nota cómo se comportan los demás. Son maestros en la lectura e interpretación de señales para determinar el estado de ánimo de cualquier persona a su alrededor. Esta habilidad es importante porque el estado de ánimo de una persona puede cambiar constantemente, y moldeará la manera en que percibe el mundo. Esto significa que una táctica de persuasión que funciona en la Persona A feliz podría no funcionar en la

Persona B ansiosa. Usando lo que obtienen de la observación, las personas magnéticas son capaces de ajustar sus tácticas y comportamiento para obtener cualquier respuesta deseada de cualquiera.

6. Deja de dar publicidad a todo

Las personas magnéticas valoran mucho la privacidad, e incluso es posible que descubras que algunas de ellas tienen un aire de misterio. No trate de volverse intencionalmente misterioso, ya que esto puede ser contraproducente. En cambio, aprende a considerar sagrados ciertos recuerdos y experiencias. Aprende a ver el valor de la privacidad y deja de publicar todo sobre tu vida. Comparta asuntos profundamente personales con unos pocos selectos y resista las tendencias de hablar. Alguien que comparte incesantemente sus datos personales se presenta como demasiado emocional y sin control. Estas son cualidades que tienden a repeler a la gente en lugar de atraerla.

7. Aprender a adaptarse

Esta valiosa habilidad sólo se puede aprender a través de la experiencia y el ensayo y error. Sin embargo, una vez ganado, te llevará lejos. Los individuos magnéticos pueden adaptarse a una variedad de escenarios diferentes y pueden llevarse bien con muchos tipos de personas. Hombres, mujeres, jóvenes, viejos e incluso gente de otras culturas. Pueden captar el ritmo y el estilo de comunicación de su compañero de conversación, el tipo de historias que valoran, y pueden ajustar su comportamiento en consecuencia. Al final del día, saben que quienquiera que sea, siempre se puede conectar con los aspectos de la humanidad que todos tenemos en común.

8. Aprovecha al máximo lo que te hace diferente

Aunque hay ciertos códigos sociales que son absolutamente necesarios, los individuos magnéticos no se preocupan por la conformidad total. Siempre y cuando estén bien vestidos y apropiadamente, no ven ninguna razón por la que deban usar exactamente el mismo estilo que los demás. Siempre y cuando sean educados y considerados, ¿por qué deberían seguir con los mismos temas de conversación que todos los demás están discutiendo? Las personas magnéticas no saldrán de su camino para sobresalir de una multitud, sino que abrazarán sus excentricidades y tendencias naturales.

9. Deja de sentirte avergonzado por cada paso en falso.

Hay ciertas situaciones en las que la vergüenza y la vergüenza son merecidas. Por ejemplo, si algo malo que hemos dicho o algo poco ético que hemos hecho es expuesto, entonces debemos sentir vergüenza por esas acciones. Pero si no se ha hecho ningún daño o intención, una persona magnética rechaza los sentimientos de vergüenza. Por qué? Porque, al final del día, sólo nosotros podemos avergonzarnos a nosotros mismos.

Tal vez, apareciste en una fiesta y llevas exactamente el mismo traje que otra persona. Considere estas dos formas opuestas de reaccionar ante este escenario:

- Te hundes en el sillón más cercano y esperas que nadie se fije en ti. Inmediatamente empiezas a decirle a tu amigo: "¡No puedo creerlo! Necesito irme o encontrar un nuevo traje." Mientras usted habla, usted y su amigo continúan mirando a esta persona y se dan cuenta. Tu cara se pone roja y todo en tu lenguaje corporal dice que no quieres que te vean. Los asistentes a la otra fiesta notan que la ropa es similar, y como usted se siente avergonzado, ellos se sienten avergonzados por usted.

Afecta sus interacciones por el resto de la noche, ya que las personas se desconectan por su comportamiento incómodo.

- Usted nota a la persona con la misma ropa y no puede evitar ver la diversión en la situación. ¿Cuáles son las probabilidades? Te acercas a la otra persona y le dices en broma: "¿Puedo decir que tienes un fantástico sentido del estilo?" Ambos se ríen, y también la gente a su alrededor. Ya no se trata de una situación incómoda, porque ustedes la han tomado a la ligera. Los asistentes a la fiesta te respetan por ser capaz de reírte de ti mismo. Como todo el mundo ha visto el gran sentido del humor que tienes, la gente quiere conversar y bromear contigo el resto de la noche. Después de un tiempo, nadie piensa en la ropa similar.

La moraleja de la historia es: la única diferencia entre la gente que se ríe *de* ti y la *que* se ríe contigo, es que tú no te ríes tan bien. Si eliges ver el humor en tus momentos vergonzosos, nunca podrás ser humillado.

Vean lo absurdo en cada situación y siempre sigan divirtiéndose. Pregúntese:"¿Qué diferencia hay en el gran plan de mi vida?" La respuesta es probable, "No hay ninguna diferencia".

10. Date cuenta de que hay algo que aprender de todos

No existe la gente aburrida de verdad. Todo el mundo es interesante si llegas a conocerlos, y todos tienen algo que aportar. La gente magnética reconoce esto. En una nueva multitud, se mantienen conscientes de las cualidades únicas y positivas de cada uno y aprenden de ellos, cuando es posible. Presta atención a lo que hace que tus conocidos sean diferentes y úsalo para afinar lo que podrías aprender de ellos. Puede ser cualquier cosa, desde una estrategia de negociación eficaz o una sensibilidad cómica hasta historias únicas sobre una cultura lejana o una industria compleja de la que no sabes nada. Manténgase abierto al aprendizaje y permita que otros le enseñen.

11. No tengas miedo de decir que no sabes

Cuando nos encontramos con un tema que no entendemos, muchos sienten la necesidad de fingir que saben más que ellos. Esto puede ser suficiente para encuentros rápidos cuando no hay mucho tiempo para charlar, pero el resto de las veces, uno nunca debería avergonzarse de decir: "Eso es interesante, nunca lo supe".

Digamos que estás hablando largo y tendido con alguien que empieza a sacar a relucir la economía, es posible que este sea un tema del que no sepas mucho. Tenga la confianza de decir: "Esto suena fascinante. Cuéntame más sobre cómo funciona". Incluso puedes usar esta oportunidad para felicitar y conocer a alguien. Podrías decir: "Ojalá supiera más sobre esto, pero nunca me tomé el tiempo de aprender. ¿Cómo te volviste tan culto?" Tendemos a confiar en las personas que son abiertas sobre sus defectos, ya que les hace parecer humildes, conscientes de sí mismos y cómodos con lo que son. Nos permite bajar la guardia. Además, cuando damos a alguien la oportunidad de sentir que puede enseñarnos algo, se siente significativo e interesante.

12. No le prestes atención a alguien que no te respeta.

Hemos establecido que las personas magnéticas son inteligentes y empáticas, pero una cualidad necesaria es también el respeto por sí mismas. Usted puede ser amable, elogioso, y hacer todo lo posible para llegar a conocer a alguien, pero si empiezan a comportarse groseramente, usted debe dejar esa interacción social como una patata caliente. Si permites que alguien te falte el respeto, entonces otras personas se darán cuenta de que pueden salirse con la suya. Esto envía una señal de que usted no se respeta a sí mismo y que soportará el abuso. Distíngase de cualquiera que le falte el respeto y si no puede, entonces es hora de repasar su regreso con clase.

13. Construir una gran red de conexiones diversas

Puede ser tentador conectar o hacer amistad sólo con personas de su industria laboral, pero esta no es la manera de una persona magnética. Incluya a un rango diverso de personas en su círculo social. Ábrase a individuos de otras culturas, géneros, orientaciones sexuales, religiones, industrias laborales y más. No sólo puede ser gratificante tener un grupo grande de amigos, sino que también te encontrarás con un grupo multifacético y bien conectado.

Todo lo que necesitas saber sobre la trifecta del encanto

La trifecta del encanto consiste en inteligencia, humor y empatía. Cuando se combina de la manera correcta, esta formidable combinación de cualidades puede encantar a casi todo el mundo. En algunos casos, puede incluso anular su apariencia física, haciéndolo parecer atractivo aunque no lo sea convencionalmente. Aunque la mayoría de las personas encarnan al menos uno de estos rasgos, deben trabajar juntas para producir los mejores resultados.

En una conversación, la inteligencia por sí sola hace que uno parezca rígido e inaccesible, mientras que alguien dotado sólo de humor saldrá demasiado infantil y tonto. La empatía es un rasgo valioso, pero sin inteligencia ni humor crea un individuo que es demasiado blando y emocional. La trifecta de encanto utiliza los tres a la vez y en igual medida.

Desafortunadamente, estas cualidades son también algunas de las más difíciles de enseñar. Para desarrollarlos, los individuos deben trabajar duro en la asimilación de nuevos hábitos en su personalidad, y deben participar en una cantidad significativa de estudios. Puede ser necesario realizar algunas pruebas y errores, y el estilo personal variará con cada persona. Sin embargo, es absolutamente posible que alguien que obtiene una puntuación baja en los tres puntos añada la trifecta de encanto a su arsenal social. Sólo necesitan seguir estos consejos:

- **Inteligencia**

La inteligencia puede ser descrita de varias maneras diferentes, pero en su esencia, está compuesta de varias funciones básicas. La resolución de problemas, el razonamiento, la lógica y el pensamiento crítico son algunos de los más notables. Muchos creen que eres inteligente o no lo eres, pero esto ha demostrado estar muy lejos de la verdad. La inteligencia siempre se puede desarrollar, incluso en adultos. Sólo requiere que las personas se desafíen a sí mismas, exploren temas desconocidos y traten de asimilarlos a su comprensión del mundo.

Usted se estará preguntando por qué la inteligencia es importante en una conversación. En pocas palabras, es más fácil para las personas inteligentes conectar los puntos y ampliar cualquier tema que se les presente. Son fuentes de información interesante y la gente tiende a querer a alguien de quien puede aprender, siempre y cuando la persona no sea condescendiente o esté secuestrando la conversación.

Para mejorar tu inteligencia, asegúrate de hacerlo:

1. **Expande tu mente de una manera que disfrutes**

La gente tiende a rehuir esta sugerencia porque piensan que significa que necesitan leer un montón de libros. Mientras que la lectura puede definitivamente expandir su mente, hay una variedad de otras opciones que se adaptan mejor a sus preferencias. Usted puede aprender sobre nuevos temas viendo documentales, videos educativos en YouTube, programas de televisión, inscribiéndose en una clase, tomando un curso en línea, o quizás preguntando a alguien que sabe más que usted sobre cierto tema. La información puede ser transferida de innumerables maneras. Sólo tienes que descubrir cuál es la mejor manera de hacerlo.

2. **Discutir un tema con alguien que tenga una opinión diferente a la suya**

Aprender a tener una discusión civilizada con alguien con quien no está de acuerdo es una habilidad muy valiosa. Al desafiar nuestras perspectivas, nos obligan a razonar y pensar críticamente, y afrontémoslo, los debates pueden ser emocionantes. Incluso si usted cree firmemente que la otra persona no podría estar más equivocada, es un ejercicio excelente para desarrollar su sentido de la lógica. Y a veces no nos damos cuenta de que hay un defecto en nuestro razonamiento hasta que nos enfrentamos a un retador. Podemos aprender de sus buenos puntos, así como de sus argumentos erróneos. Todo lo que le aconsejamos es que lo mantenga civilizado! Recuerda, ataca los argumentos, y no a la persona que los hace.

3. Practica explicando las cosas nuevas que has aprendido

No sirve de nada leer mucha información si no podemos retenerla. Una manera de asegurarte de que conservas todos esos nuevos datos en tu cabeza es tratar de explicárselos a alguien más. Puede ser cualquiera: una pareja, un amigo o, si te sientes seguro, un nuevo conocido.

- **Humor**

Para disfrutar verdaderamente de la compañía de alguien, debe haber algún nivel de humor. Nos obliga a tomárnoslo con calma, a mantenerlo a la ligera y a ver la alegría incluso en las situaciones más absurdas. Sin el humor, el mundo sería un lugar miserable, y por eso es un componente vital de la trifecta. Hacer reír a alguien es una manera fácil de empezar a desarrollar una conexión. De hecho, el humor es tan poderoso que puede hacer que la gente pase por alto una serie de cualidades negativas.

También es importante tener en cuenta que tener buen sentido del humor también requiere que seas capaz de aceptar una broma. Si alguien se burla de ti y no tiene la intención de ser malo, ¡intenta ver el humor que hay en ello! Ríete y no te ofendas fácilmente. Y recuerde, el mejor tipo de humor no es malo o degradante hacia otra persona. Mantenlo inteligente e inofensivo.

1. Sumérgete en el entretenimiento cómico

No hay mejor manera de entender el funcionamiento de la buena comedia que encontrar el entretenimiento cómico que disfrutas. Vea un programa de televisión divertido, una película, una actuación de pie o incluso vídeos de YouTube. Expóngase a una variedad de estilos de comedia y elija el que más le guste. Trate de mantenerse alejado de la comedia que gira en torno a bromas y bofetadas de humor. Aunque está totalmente bien disfrutar de ellos, uno no debería esperar aprender nada de ellos.

2. **Practicar el ver lo absurdo en escenarios cotidianos**

Esta habilidad puede ser valiosa no sólo para las habilidades de conversación sino para la vida en general. Le enseñará a reírse ante los desastres, e instantáneamente encenderá más positividad incluso en los días malos. La risa es, después de todo, uno de los mejores remedios para todos los problemas. La vida está llena de absurdos y ridículos, sólo tienes que reconocerlo. La próxima vez que te encuentres molesto por algo, intenta darle la vuelta y verlo como un escenario cómico.

3. **Rodéate de gente graciosa**

Todos conocemos a alguien con un sentido del humor asesino, alguien que es un placer estar con él, y que nos hace reír de inmediato. Una buena manera de ser más divertido o de desarrollar un mejor sentido del humor es pasar tiempo con gente divertida. Escuche y ríase de sus chistes, trate de responder de una manera igualmente alegre, y trate de aprender de la manera en que su humor hace ciertas situaciones. Fíjese de qué bromean, cómo bromean al respecto y qué es exactamente lo que lo hace gracioso. Si hay chistes que caen un poco planos, examine por qué. ¿La mejor parte de esta táctica para construir el humor? Lo disfrutarás inmensamente y pasarás más tiempo con un amigo!

- **Empatía**

En pocas palabras, la empatía es la capacidad de ponerse en el lugar de otra persona. Significa que usted puede captar sus emociones y sentir lo que ellos están sintiendo. Es más que sólo simpatía, los individuos empáticos pueden sentir las experiencias de otras personas como si ellas también las hubieran soportado.

La mayoría de nosotros somos razonablemente capaces de tener empatía cognitiva, que es cuando entendemos la emoción a nivel intelectual, pero en realidad no podemos relacionarnos con lo que alguien está sintiendo. A veces, puede que ni siquiera nos importe, pero sabemos lo que se supone que debemos decir para ser educados. Podemos reconocer que alguien está triste, y sabemos cómo actuar con simpatía, pero no hay una parte de nosotros que sienta la tristeza de esa persona. Podemos pensar racionalmente en las emociones, pero mientras tanto, permanecemos un poco distantes.

La empatía cognitiva puede resultar útil en el lugar de trabajo y en las conversaciones cotidianas rápidas, pero si te interesan las conexiones profundas, no será suficiente. Afortunadamente, el desarrollo de tu empatía emocional también mejorará tu empatía cognitiva, así que ¿por qué no empezar por ahí?

1. **Sea consciente de sus propias emociones y participe en el amor propio**

Es una verdad incómoda, pero una verdad sin embargo; todo comienza con usted y la manera en que usted trata con sus emociones. Si usted está constantemente reprimiendo sus sentimientos y nunca los trata de una manera honesta y saludable, entonces es probable que sea incapaz de relacionarse con los sentimientos de los demás. Tal vez descubras que una parte de ti se resiste a la empatía emocional porque abre una caja cerrada de sentimientos con los que aún no has lidiado.

2. **Aprenda la historia de la vida de alguien con quien no está de acuerdo**

Es fácil identificarse con una persona sin hogar o una víctima de abuso, pero esto no prueba que usted sea una persona empática, sólo que no es un sociópata. Para verdaderamente construir empatía, desafíese a sí mismo profundizando en la vida de alguien con quien no está de acuerdo. Trate de separarse del punto de vista o de la opinión opuesta que tienen, y en su lugar trate de verlos como un ser humano único que ha llevado una vida compleja, no diferente a usted o a cualquier persona de la que usted sea amigo. El objetivo no es que te gusten o que cambies de opinión, sino que veas más allá de tu perspectiva y sientas la experiencia de alguien. Es posible empatizar con los problemas o asuntos de alguien, y no estar de acuerdo con las decisiones que tomó.

Es probable que este ejercicio sea más significativo si involucra a alguien que usted conoce, pero si usted no está listo para tal encuentro, es posible usar una figura pública que usted no conoce personalmente. Este paso se puede completar de varias maneras. Puedes ver la biografía de un personaje histórico o famoso, o si es alguien que conoces, puedes intentar conocerlo a través de mensajes digitales o en persona. Construya la conversación gradualmente para que no parezca entrometida. Empiece por preguntarles acerca de sus antecedentes o familia y haga preguntas acerca de sus metas o influencias. Te sorprendería lo mucho que puedes relacionarte con alguien que ni siquiera te gusta!

3. **Tómese el tiempo para imaginar cómo es ser otra persona**

Todos hemos hecho esto durante al menos un segundo, pero rara vez nos tomamos el tiempo para hacerlo en profundidad. Inténtalo. Es un ejercicio que se puede hacer absolutamente en cualquier lugar y en cualquier posición física. Elija a alguien que conozca razonablemente bien. Imagínate lo que fue tener su infancia. Considere lo que era ver a sus padres todos los días. Piense en las necesidades de la infancia que podrían no haber sido satisfechas. ¿Cuáles son las inseguridades de esta persona? Imagínese lo que es despertarse cada mañana con esas inseguridades, y cómo se desenvuelve en las interacciones diarias. ¿Qué tipo de situaciones provocarían esas inseguridades? Imagínense las dificultades que podrían haber llevado a esas inseguridades.

Visualice las experiencias que esta persona pudo haber tenido para llegar a ser lo que es hoy en día. Y más que esto, considere los privilegios que usted tiene que esta persona no tiene. Incluso si son más ricos y exitosos que usted, lo más probable es que todavía haya privilegios que usted tiene que ellos no tienen. Tal vez tengas una familia más feliz, tal vez nunca hayas tenido tanta mala suerte en el amor, o tal vez tengas más amigos que te apoyen. Imagine lo que es no tener más esos privilegios y reconozca lo diferente que sería su vida sin ellos.

Tres pasos para convertirse en una persona más interesante

Hagamos una gran pregunta, ¿sí? Lo admitamos o no, todos queremos ser una persona más interesante. ¿Pero qué significa eso realmente? El carisma es un componente importante, pero eso no es todo. La trifecta de encanto también puede considerarse una influencia dominante sobre lo interesantes que somos, pero aun así, hay un poco más que eso. Al final del día, ser interesante viene con su propia actitud - una actitud de apertura y eclecticismo.

Piensa en todas las experiencias que has tenido con gente interesante y cautivadora. Es cierto que a veces lo que es interesante puede ser subjetivo, pero definitivamente hay algunos rasgos generales. Tiende a haber la sensación de que la otra persona es casi un tesoro de historias e ideas. Tienen sorpresas bajo la manga. Ellos saben y han visto mucho más que tú. No pueden ser atrapados o agarrados, porque siempre están un paso adelante.

Usemos estas experiencias como base de referencia y averigüemos cómo podemos emularlas.

1. Hacer cosas interesantes

¿No te parece obvio? Si te sientas en casa, ves la televisión y te quedas en tu cómoda burbuja, no vas a ser muy interesante para otras personas. Todos usamos nuestras experiencias como referencia; si no has tenido muchas experiencias variadas, no vas a tener mucho que ofrecer a las conversaciones, a menos que sea con otras personas que tampoco hayan visto tanto. Acumular experiencias fantásticas, aventureras y diversas. Sumérgete en lo desconocido y traspasa los límites de tu zona de confort. Haz algo que nunca pensaste qué harías y expande tus horizontes. Recoge experiencias interesantes y te volverás más interesante, a su vez.

2. Piense fuera de la caja

La gente está demasiado concentrada en lo que debería estar haciendo o diciendo que no entiende el sentido de ser interesante. Trate de pensar fuera de la caja o de darle la vuelta a una situación. Esto es diferente a comportarse como un rebelde o violar los códigos sociales; esto sólo significa responder de una manera que es inusual. Por ejemplo, si todo el mundo está contando historias sobre lo bien que se comporta su hijo, haga que las cosas sean interesantes contando una historia sobre la cosa más divertida que su hijo haya hecho, incluso si fue un poco travieso. Si todos tus amigos llevan bikinis modernos, ponte un bikini de cintura alta con estilo de los años 80. Si todos tus amigos están hablando de su mayor éxito en el trabajo, en su lugar habla del mayor fracaso del que has aprendido más. Haga que las situaciones sean más interesantes respondiendo de manera diferente.

3. Ser de mente abierta

A nadie le gusta una persona de mente cerrada; los únicos que lo hacen son otras personas de mente cerrada que son de mente cerrada sobre las mismas cosas. Deja de ofenderte o escandalizarte tan fácilmente y reemplaza esos sentimientos por temor y curiosidad. No sólo te hará más absorbente a la información interesante, sino que también te convertirá en un conversador más interesante. La razón por la que nos gustan las personas de mente abierta es porque transmiten una sensación de libertad. En realidad, no experimentamos a las personas de mente cerrada como más morales, inteligentes o sabias; parecen estar enjauladas por sus propias creencias. Los individuos de mente abierta todavía pueden tener creencias fuertes, pero son tan cómodos y libres que todavía pueden escuchar opiniones alternativas. Admiramos este sentido de apertura y libertad en los demás. Instintivamente sentimos que si una persona encarna esta actitud, debe haber visto mucho y tener mucho que compartir.

Comunicación En Las Relaciones

El desarrollo de todas las cualidades de este capítulo mejorará tus habilidades de conversación diez veces. En realidad, tener mejores conversaciones comienza con nuestro estado de ánimo, nuestras habilidades sociales y las experiencias que hemos tenido. Trabaja en el desarrollo de todas estas habilidades, y notarás que las conversaciones cobran vida en tu presencia.

Capítulo 5 - Conociendo a su audiencia

Un mensaje corto del Autor:

¡Hey! Siento interrumpir. Sólo quería saber si estás disfrutando el audiolibro de Conversation Skills 2.0. Me encantaría escuchar tus pensamientos!

Muchos lectores y oyentes no saben lo difíciles que son las críticas y lo mucho que ayudan a un autor.

Así que estaría increíblemente agradecido si pudieras tomarte sólo 60 segundos para dejar una revisión rápida de Audible, ¡incluso si es sólo una o dos frases!

Y no te preocupes, no interrumpirá este audiolibro.

Para ello, sólo tienes que hacer clic en los 3 puntos de la esquina superior derecha de la pantalla dentro de la aplicación Audible y pulsar el botón "Rate and Review".

Esto le llevará a la página de "evaluación y revisión" donde podrá introducir su clasificación por estrellas y luego escribir una o dos frases sobre el audiolibro.

Es así de simple!

Espero con interés leer su reseña. Déjeme un pequeño mensaje ya que yo personalmente leo cada crítica!

Ahora te guiaré a través del proceso mientras lo haces.

Sólo tienes que desbloquear el teléfono, hacer clic en los 3 puntos de la esquina superior derecha de la pantalla y pulsar el botón "Rate and Review".

Introduzca su clasificación por estrellas y listo! Eso es todo lo que necesitas hacer.

Te daré otros 10 segundos para que termines de compartir tus pensamientos.

----- Esperar 10 segundos -----

Muchas gracias por tomarse el tiempo para dejar una breve reseña de Audible.

Estoy muy agradecido ya que su revisión realmente marca una diferencia para mí.

Ahora volvamos a la programación programada.

Usted puede ser agradable y encantador, pero ningún arsenal de conversación está completo sin la capacidad de leer una habitación. Un conversador que puede leer una habitación es capaz de captar los pensamientos, sentimientos y personalidad general de cada persona que observa o con la que se relaciona. Como mencionamos anteriormente, esta habilidad es fundamental para una buena comunicación, ya que necesitamos entender los factores que influyen en si nuestras tácticas sociales tendrán éxito o no. Las estrategias para ganarse a una persona tímida probablemente molestarán a alguien que es muy extrovertido, y viceversa. Alguien que está de mal humor no será tan receptivo a ciertas señales sociales como alguien que está de buen humor.

Micro expresiones

Creemos que las expresiones faciales nos lo dicen todo, pero no es toda la verdad. Una sonrisa no siempre indica felicidad, y una expresión seria no necesariamente indica nerviosismo o desagrado. Si quieres saber cómo se siente realmente alguien, presta atención a sus micro expresiones.

Las micro expresiones son señales no verbales que duran desde una fracción de segundo hasta unos pocos segundos, pero rara vez más. Pueden ser recurrentes, pero si son permanentes, entonces es probable que la persona en cuestión no esté tratando de ocultar sus sentimientos en absoluto. Las micro expresiones ocurren cuando momentáneamente bajamos la guardia y mostramos nuestra verdadera reacción. A la mayoría de las personas se les ha enseñado a ser educados y a mantener siempre bajo control sus verdaderos sentimientos, y es por eso por lo que las micro expresiones son tan fugaces. Tan pronto como nos sentimos deslizándonos, volvemos inmediatamente a la cara que ponemos por el mundo.

Comunicación En Las Relaciones

Las emociones que ocultamos no siempre son negativas. Podemos tratar de ocultar nuestra euforia mientras estamos en una cita con una persona que realmente nos gusta, o podemos tratar de ocultar nuestra emoción si estamos ocultando buenas noticias antes de un anuncio oficial.

Consideremos a Rhonda de nuevo. Mientras asiste a la fiesta de una amiga, conoce a una variedad de personas diferentes con las que interactúa. Como no es la persona más hábil socialmente, se encuentra con una serie de reacciones diferentes.

1. **Estrés e impaciencia**

Cuando Rhonda llega a la fiesta, inmediatamente se encuentra con alguien que conoce. Se detiene a hablar con su viejo amigo y, sin saberlo, se detiene en una puerta, impidiendo que alguien entre. El desconocido se para detrás de ella, aclarando su garganta, pero Rhonda no se da cuenta. Frunce los labios y sus fosas nasales se ensanchan por un momento. Cuando Rhonda finalmente se da cuenta, su mandíbula se aprieta antes de que recupere la compostura y camine hacia su destino.

2. **Frustración o enojo**

Mientras estaba en la fiesta, Rhonda se topó con su ex. La relación terminó mal y sobre todo debido al mal comportamiento de Rhonda. Ella no lo reconoce inmediatamente desde que se cortó el pelo y empezó a usar lentes de contacto. Sentada en una mesa con unos conocidos, ella no se da cuenta de que él también está presente, así que lo ignora. La ex está furiosa, aún amargada por la forma en que lo trató y aún más ahora que no puede reconocerlo. Mientras fuma, presiona los labios y continúa aplastando intermitentemente.

3. Desprecio o aversión

Rhonda se da cuenta de que dos mujeres están conversando y se une a la conversación. Desafortunadamente, cambia de tema y comienza a hablar de sí misma incesantemente. Mientras Rhonda habla, una mujer mira su recelo, haciendo sólo contacto visual con el rabillo del ojo. Mantiene la cabeza inclinada lejos de Rhonda, una señal de que no está entusiasmada con la presencia de este recién llegado y puede incluso sentirse superior a ella. Se resiste a la tentación de poner los ojos en blanco y, al hacerlo, sus párpados revolotean con más parpadeos de lo habitual, enviando el mensaje: "¡Qué nervios de esta mujer!".

4. Desacuerdo y desprecio

Más tarde, Rhonda conversa con una maestra y argumenta: "Las escuelas están matando la creatividad de los niños". El maestro no está de acuerdo con esto, aunque todavía trata de ser educado. Por un momento, frunce el ceño y pregunta: "¿Por qué?" Cuando las cejas arrugadas acompañan a los ojos entrecerrados, indica desacuerdo o escepticismo, pero si los ojos están abiertos, esto indica curiosidad. Mientras Rhonda continúa, la maestra comienza a sentir un poco de desdén. Un lado de su boca se acurruca muy brevemente mientras que el otro lado permanece inmóvil. Muchas personas malinterpretan esta expresión como una "media sonrisa", pero esto es incorrecto. Este es un signo clásico de desprecio, especialmente si la boca está apretada.

5. Miedo

Alguien que tuvo una mala experiencia con Rhonda en una fiesta diferente la ve acercarse. Al notar a Rhonda, sus ojos se abren de par en par por un breve momento, transmitiendo una sensación de vigilancia. El miedo se identifica más fácilmente mirando a los ojos. La boca también reacciona ensanchándose horizontalmente. Esto es diferente de una sonrisa donde las esquinas están hacia arriba, cuando se introduce el miedo, las esquinas retroceden horizontalmente hacia las orejas.

6. Emoción o felicidad

Aunque Rhonda tuvo impresiones negativas en muchas personas, la persona que la invitó a la fiesta está feliz de verla. La amiga de Rhonda está en medio de una discusión seria con otra persona, así que ella está tratando de no parecer muy feliz, pero cuando se da cuenta de Rhonda, sus ojos se ven un poco más brillantes. A pesar de que no está sonriendo, las dos comisuras de su boca se elevan muy ligeramente.

Los seis tipos de comunicadores y cómo ganárselos

Los psicólogos sociales han descubierto que hay seis estilos principales de comunicación. Mientras que cada uno de nosotros es más probable que se comunique en uno de estos estilos naturalmente, podemos aprender a usar los talentos y rasgos de todos los otros estilos. En su mayor parte, cada tipo de comunicador responde mejor a aquellos que se comunican de la misma manera, pero no todo el tiempo. Mira a ver si puedes determinar de qué tipo eres. Y lo más importante, averigüe cómo se acercaría a los otros estilos diferentes.

- **Noble**

Directo, enfocado, dice las cosas como son

Estos comunicadores tienden a ser grandes líderes, ya que no tienen reparos en decir lo que hay que decir y participar en las conversaciones difíciles. Son prácticos, directos, y muchas personas responden bien a ellos ya que siempre son honestos.

No se preocupan por los sentimientos de los demás, prefieren ser francos y directos. Esto no significa que sean personas insensibles, simplemente no tienen en cuenta las emociones cuando hablan. Aunque por lo general no tienen malas intenciones, las personas sensibles pueden molestarse por lo que dicen, ya que a menudo no está redactado de una manera considerada. No son complicados y por lo general son bastante predecibles.

Para ganarse a un comunicador Noble, debe ser claro, directo y seguro. Evite el lenguaje demasiado florido ya que ellos no ven el punto y lo verán como una pelusa frívola. Enfóquese en el "qué" y el "cómo", ya que los nobles son los que más se preocupan por los detalles prácticos que por cualquier otra cosa. Dales toda la información por adelantado ya que no te perseguirán para obtener más detalles. Aparte de estas reglas generales, encontrarás que puedes decirle casi cualquier cosa a un Noble, ya que sólo se preocupan por la verdad y la realidad.

- **socrático**

Expresivo, persuasivo, intelectual, detallado

A diferencia de los comunicadores de Noble, los individuos socráticos disfrutan de las largas y prolongadas discusiones con muchos detalles. Estos comunicadores tienden a chocar con los nobles ya que sus métodos de comunicación son casi completamente opuestos. Es raro que un comunicador socrático se meta en una conversación corta; tan pronto como abre la boca, es fácil que se pierda en una tangente o en una larga y florida anécdota. Cuando cuentan historias añaden mucha información de fondo, prefiriendo presentar el cuadro completo. A veces, parecen estar dando lecciones.

Para hacerse amigo de un socrático, escuche sus largas historias con toda su atención, y mejor aún, hágales preguntas.

Disfrutan de individuos interesantes y únicos, así que asegúrese de hacerles cosquillas en su intelecto. Plantee temas inusuales pero fascinantes, y únase a ellos mientras profundizan en ellos con sus cientos de preguntas y análisis perspicaces. Prefieren tratar con ideas en lugar de sentimientos, aunque son más receptivos a las emociones que los Nobles.

- **Reflexivo**

Paciente, comprensivo, sensible, quiere vincularse

Si usted es un comunicador reflexivo, es probable que haya muchas personas en su vida que acuden a usted con sus problemas. Para bien o para mal, la gente disfruta buscando el apoyo de los reflexivos, ya que son conocidos por ser comprensivos y tener una gran capacidad de escucha. A los reflexivos les gusta conectarse sobre una base emocional y por lo general no están interesados en compartir opiniones fuertes. No es natural que un comunicador reflexivo sea asertivo o directo, por lo que puede ser deshonesto o incluso engañoso. Preferirían no ver heridos los sentimientos de nadie, así que dicen lo que hay que decir para mantener una conversación armoniosa. Los reflexivos son los comunicadores más propensos a ser interrumpidos o pasados por alto en la conversación, ya que por lo general no se expresan de una manera fuerte o segura.

Para ganarse un Reflective, abrirse un poco y mostrar algo de vulnerabilidad. Encuentre un terreno común con ellos y comparta sus pasiones o intereses mutuos. Para captar realmente la atención de un Reflexivo, hágale preguntas y aliéntelo a abrirse a usted también. Están tan acostumbrados a escuchar a otras personas y a dejar que otra persona sea el centro de atención que pueden sentirse ignorados. Dales un poco de atención y te los ganarás, seguro.

- **Candidato**

Agradable, hablador, analítico, quiere gustar

Cuando combinamos los estilos Socrático y Reflexivo, obtenemos el comunicador del Candidato. Los candidatos son cálidos, habladores y por lo general tienen un aire agradable sobre ellos. Disfrutan conectarse con los demás contando historias, y siempre se esfuerzan por mantener una conversación armoniosa. Cuando surge un problema, creen que hablar es la mejor solución, y lo hacen de una manera emocionalmente comprometida. Son más veraces que alguien que sólo tiene un estilo reflexivo, pero aun así hacen todo lo que pueden para evitar conflictos confusos.

Para ponerse de su lado bueno, active sus buenas habilidades de escucha y sea paciente mientras hablan. Si usted deja de prestar atención o termina una conversación abruptamente, el candidato probablemente se sentirá muy molesto. Como también tienen atributos reflexivos, son mucho más receptivos a otros puntos de vista que un comunicador socrático solo. Gánatelos involucrándote realmente con ellos, compartiendo partes genuinas de ti mismo y escuchando atentamente sus largas, a veces emocionales, historias.

- **Magistrado**

Intenso, argumentativo, persuasivo

Los estilos Noble y Socrático se fusionan para crear la gran presencia del Magistrado. Estos individuos pueden ser increíblemente elocuentes y persuasivos, pero aunque sobresalen como oradores públicos, pueden ser un poco lentos en sus relaciones interpersonales. Les lleva más tiempo comprender las necesidades y sensibilidades individuales, por lo que a veces pueden actuar fuera de lugar y ofender a las personas más cercanas a ellos. Cuando presenciamos a un Magistrado Comunicador hablando, puede parecer que serían un líder fenomenal. A menudo, puede parecer un monólogo o un gran discurso. Desafortunadamente, los Magistrados tienden a dividir a las audiencias y, en el peor de los casos, pueden ser sermoneadores y prepotentes. O los amas o los odias. En sus vidas personales, pueden ser argumentativos, e incluso pueden meterse en problemas en el trabajo.

Para acercarse a un Magistrado, no tenga miedo de discusiones serias y profundas. No huyen de los temas oscuros que, a su juicio, transmiten la verdadera verdad de la vida. También es necesario que usted entienda cómo hablar con calma y racionalmente en discusiones acaloradas sin perder los estribos. De lo contrario, es posible que se encuentre en una discusión en toda regla con un magistrado. También asegúrese de escuchar atentamente al Magistrado, ya que cree firmemente que lo que está diciendo debe ser escuchado. Para halagarlos, hacerlos sentir como el revolucionario que creen que son.

- **Senador**

Estratégico, adaptable, observador, versátil

El más complejo de los seis, el Senador es a menudo considerado el estilo de comunicación más inteligente. En la conversación, la forma en que hablan y las cosas que dicen están cuidadosamente calculadas para producir el resultado que desean. Tienen la habilidad única de combinar las habilidades de los otros cinco estilos para crear un efecto predeterminado. Pueden hablar como un Noble, pero también tienen las habilidades de escucha de un Reflexivo. Son altamente impredecibles, y muchas personas que tratan de conocerlos pueden percibirlos como inconstantes.

Tratar de convencer a un senador para que te acorrale no es tarea fácil. De los seis comunicadores, son definitivamente los más difíciles de atrapar. Esto se debe a que siempre están cambiando, y a menudo su comportamiento está determinado por lo que esperan lograr. Esto no siempre es una búsqueda egoísta, a veces el objetivo puede ser ayudar a otras personas a llevarse bien. El objetivo exacto depende de la personalidad individual. Aconsejamos observar de cerca a los Senadores y prestar atención a las transiciones entre los estilos de comunicación. A menudo uno puede identificar cuál es su objetivo al notar qué método de comunicación están usando en ese momento. Refleja cualquier estilo que parezca estar usando.

Consejos de conversación para audiencias especiales

Como hemos demostrado, las tácticas de conversación no son las mismas para todos. Y aunque ya hemos cubierto una amplia gama de tipos de personalidad, hay algunos otros que aún no hemos tenido en cuenta.

Niños y niñas

No debería ser tan aterrador hablar con humanos diminutos, pero muchas personas no tienen experiencia con niños. Si usted tiene que conocer al hijo de una nueva pareja o establecer un vínculo con un primo menor, no le servirá de mucho estar lleno de ansiedad, aunque no sería completamente infundado. Después de todo, los niños no pueden hablar de los mismos temas que los adultos. ¿Y si accidentalmente dices algo que los asusta?

La realidad es que no es tan difícil como piensas, y los niños son mucho más inteligentes de lo que la gente cree. Los niños tienden a responder positivamente cuando los adultos se bajan a su altura. Cuando no eres un gigante en ciernes, eres más accesible. Cuando hable, asegúrese de usar un lenguaje positivo. En lugar de decir: "Tu madre me ha hablado mucho de ti", intenta endulzarlo diciendo: "¡Tu madre me ha hablado mucho de lo talentosa e inteligente que eres! Recuerde que a los niños les encanta la idea de la aventura, así que si va a contarles alguna historia, asegúrese de que tenga un toque de aventura. Y hágales preguntas sobre lo que disfrutan. Los niños se calentarán contigo cuando puedan hablar de lo que les excite.

Cuando hables con un niño, acepta completamente la tontería y definitivamente te pondrás de su lado bueno. Y recuerde, ¡nunca corrija a un niño cuando esté hablando en forma juguetona! Si dijeron que visitaron la tierra de los unicornios, no digas "Los unicornios no existen". En vez de eso, pregúntales cómo es allí y si hicieron amigos unicornios.

Los Ancianos

No es ningún secreto que a medida que las personas envejecen, se vuelven menos capaces física y mentalmente de comportarse como solían hacerlo. Sin embargo, un error común que la gente comete es hablarles como si fueran niños. Aunque pueden ser un poco más lentos, usted encontrará que la mayoría de las personas de edad avanzada todavía son increíblemente agudas, especialmente cuando les pregunta acerca de las pasiones de su vida. Dispáreles unas cuantas preguntas sobre cómo conocieron a su compañero de vida, la carrera que tuvieron o de dónde vinieron, y descubrirá que de repente recuperan todo su ingenio (siempre y cuando ninguna de estas preguntas desencadene algo traumático) y disfrutan compartiendo las fascinantes historias que tienen. Tengan paciencia con ellos si su memoria se ralentiza, y permítanles encontrar sus pensamientos.

Siempre hable con los ancianos como los adultos que son. Reducir su habla no sólo es grosero, sino que también puede perjudicar sus procesos mentales. Por qué? Por la misma razón que tú sufrirías si alguien redujera su discurso hacia *ti*. Disminuye su autoestima y acelera el declive de sus capacidades cognitivas porque nadie les permite usar su mente adecuadamente.

Hay tantos estilos de comunicación como seres humanos en el mundo. No hay dos personas que se comuniquen exactamente de la misma manera, pero esta guía le ayudará a navegar por las principales personalidades. Para identificar cómo es su estilo exacto, considere su edad, antecedentes, cultura, intereses y su naturaleza general. Todo es una pista; preste atención.

Capítulo 6 - Construyendo Conexiones Profundas

Al final del día, todos anhelamos algo más allá de las bromas alegres o las discusiones de partido. Queremos unirnos a los demás. Queremos ver nuestra humanidad reflejada en otra persona, y queremos reflejar la suya. Muchos incluso argumentarán que de eso se trata la vida: de aprender a vivir en armonía con los demás para que podamos ayudarnos mutuamente a superarnos. Sea lo que sea que creas, es cierto para todos: todos necesitamos conexiones profundas. Sin ellos, podemos llegar a ser más susceptibles a las enfermedades mentales.

Ya que todos lo necesitamos para prosperar, uno pensaría que sería fácil hacer conexiones duraderas y profundas. Pero para la mayoría de nosotros, son pocos y distantes. A menudo las conexiones más significativas que tenemos son con personas que conocemos desde hace mucho tiempo.

Hay muchas razones por las que podemos encontrar esta hazaña difícil. A veces es porque tenemos miedo de la intimidad. A veces es porque podemos ser críticos, y queremos creer que no hay nada que podamos tener en común con la gente que nos rodea. Y por supuesto, muchas veces, simplemente no tenemos las habilidades sociales necesarias. Queremos una conexión significativa, pero no sabemos cómo ir de A a B.

He aquí algunas buenas noticias: en realidad no es tan difícil como crees.

Trucos de conversación para establecer una relación instantánea con alguien

1. Tratar de reflejar su estilo de hablar

Preste atención al ritmo, la longitud y las opciones de palabras con las que alguien habla. Para establecer una buena relación, trate de reflejar su estilo de hablar. Si hay palabras que usan a menudo, introdúzcalas también en su lado del diálogo. Es importante, al hacer esto, no copiarlos por completo, o sentirán que te estás burlando de ellos. Para evitar esto, una buena regla general es nunca imitar el acento de alguien.

2. Busca sus consejos

En lugar de pedir la opinión de alguien, pídele consejo. Hacer esto fortalecerá su vínculo. Por qué? Para empezar, usted parece ser genuino (¡sólo la gente honesta puede admitir que necesita consejo!) y en segundo lugar, usted les está mostrando que piensa que son una fuente creíble de retroalimentación. Después de esta interacción, es probable que también se sientan involucrados en el tema sobre el que le aconsejaron y es posible que deseen mantenerse al día con lo que sucede. Sólo asegúrese de prestarles mucha atención y de escuchar con atención lo que dicen.

3. Combinar ideas

No tienes que estar en una reunión de trabajo para hacer una lluvia de ideas; puedes hacerlo con cualquiera. Todo lo que implica es jugar con sus ideas y expandirlas. Cuando haces una lluvia de ideas con alguien, ya sea casual o seriamente, les demuestras que has estado prestando mucha atención a ellos y que te tomas sus ideas en serio. Además de esto, usted puede satisfacer su necesidad de expansión, demostrando que tiene algo que ofrecerles intelectualmente.

4. Parafraseando

Cuando parafraseamos lo que alguien dice, repetimos lo que dijo con nuestras propias palabras. La paráfrasis siempre debe combinarse con otra afirmación como "Comprendo". O bien, se puede convertir en una pregunta con la adición de algo al efecto de "¿Es eso cierto?". La parafraseando muestra que usted ha escuchado, entendido y empatizado con lo que ellos han dicho. Por ejemplo, si tu amigo dice: "Soy un insomne, así que, por favor, discúlpame si parezco un poco fuera de sí", podrías decir: "Entiendo". No has dormido lo suficiente, así que te sientes exhausto y desorientado". Al decir esto, no estás añadiendo ninguna información nueva, sólo reformulando ligeramente la afirmación anterior.

5. Haga preguntas que involucren ``cómo' y ``por qué".

Si no está seguro de qué tipo de preguntas hacer, piense en algo que comience con "cómo" o "por qué". Este tipo de preguntas crean vínculos porque le estás pidiendo a tu interlocutor que busque respuestas más elaboradas y significativas. Por ejemplo, si tu amiga está hablando de una reunión de alta presión, acaba de terminar. Podrías preguntar "¿Cómo te sientes ahora?" o "¿Por qué crees que te fue tan bien?"

Establecer una relación es esencial para crear un vínculo con empatía y conexión, pero no lo lograremos de inmediato. Implica mucho más que tácticas de conversación.

Cómo formar relaciones significativas

1. Dejar entrar a la gente

Todos los demás puntos de esta lista no significan nada si no dejas entrar a la gente. No actúes con frialdad y distanciamiento ya que esto forma una barrera entre tú y los demás. En vez de eso, trate de irradiar un aura invitadora y permita que ellos lo conozcan a usted, tanto como usted lo hace con ellos. La gente a menudo comete el error de sentirse como una víctima cuando otras personas no se interesan en conocerlos. No caigas en este complejo de víctima. En vez de eso, pregúntese: ¿estoy demostrando a esta persona que se puede confiar en mí? ¿Estoy permitiendo que la gente se acerque a mí? ¿Les estoy mostrando lo que me hace un buen amigo?

2. Equilibrar el dar y el recibir

Si tu amigo te compró el almuerzo en tu última reunión, cómprale una bebida o comida en tu próxima reunión. Devuelve la generosidad con generosidad. Si usted no está en una buena situación financiera, ofrézcase para hacer algo más por ellos. Hay belleza en tener un amigo o familiar que haría cualquier cosa por nosotros, pero nuestra responsabilidad como buena persona es nunca pedirles que hagan *todo* por nosotros. Si te das cuenta de que has estado hablando de tus problemas sin parar durante la última hora, tómate el tiempo para preguntarle a tu conexión cercana cómo son y asegúrate de ofrecerles la misma paciencia. Siempre tenga en cuenta cuándo puede estar pidiendo demasiado. Y si tienes que hacerlo, asegúrate de compensarlos.

También es importante tener en cuenta que también se debe evitar lo contrario. Si su amigo continuamente le pide mucho, sea honesto acerca de cómo se siente y cree algunos límites.

3. Dedique tiempo a mantener la fianza

Una vez que formamos un vínculo con un nuevo amigo o pareja, necesitamos hacer el esfuerzo de nutrir esta relación. No importa lo bien que nos llevemos con otra persona - si nunca hacemos tiempo para ellos en nuestras vidas, este vínculo se disipará lentamente. Y cuando se haga una reconexión en un futuro lejano, se sentirá como si estuvieras empezando todo de nuevo.

El acto de hacer tiempo es poderoso y envía un mensaje importante: Me preocupo lo suficiente por ti para siempre encontrar tiempo para ti. Si una de las partes se embarca en una larga experiencia de viaje, o se muda a otra ciudad, haga el esfuerzo de hacer una sesión semanal o quincenal para ponerse al día por teléfono. Evite tener una dinámica en la que sólo hable cuando una persona necesita un hombro sobre el que llorar. Incluso las parejas que viven juntas deben encontrar tiempo en sus apretadas agendas para mantener el vínculo. Crear tiempo de calidad es una parte necesaria para mantener viva una conexión.

4. Erradicar todo comportamiento competitivo

Cuando estamos cerca de alguien, es fácil empezar a compararnos con él. Si tu amigo o pareja está más avanzado en su carrera que tú, nunca permitas que los sentimientos de envidia conduzcan tus acciones. Es perfectamente normal que un pensamiento celoso te atraviese el cerebro, pero nunca dejes que desencadene una decisión que les afecte. Está muy bien pensar: "Vaya, Adam está afectando mucho a todas las chicas de esta fiesta. Desearía poder hacer eso." Pero no está bien empezar a contarle a alguien sobre su momento más embarazoso sólo para bajarle los humos. Reconozca que ambos tienen diferentes fortalezas y debilidades, y que la vida no es una competencia. Busque inspiración en sus relaciones, no competencia.

5. Conozca el propósito de su relación

Cada persona en nuestra vida nos ayuda de una manera ligeramente diferente. Reconocer el propósito mayor que sirven puede encender sentimientos de aprecio y, en última instancia, nos ayudará a fortalecer el vínculo. Los regalos que traen a nuestras vidas son mucho más específicos que simplemente darnos apoyo emocional o evitar que nos sintamos aburridos. Si lo piensas, cada persona que conocemos nos da una lección única. Vea si puede identificar a las personas que continuamente le enseñan estas lecciones - y averigüe cuáles les enseña a otras personas.

- Acepta todo lo que te hace diferente.
- Está bien llorar y hablar de tus sentimientos.
- Los opuestos se atraen y se ayudan mutuamente a crecer.
- Todo puede ser divertido si lo dejas ser.
- El mundo está lleno de experiencias increíbles y hay que perseguirlas todas.
- Siempre debemos enfrentarnos a nosotros mismos exactamente como somos y esforzarnos por ser mejores.
- Disfruta de las cosas como son, no hay necesidad de complicarlas.
- Un verdadero amigo está contigo durante tus horas más oscuras.

Los Hábitos de las Personas Emocionalmente Inteligentes

¿Recuerdan cuando discutimos cómo los individuos magnéticos son adeptos a la autosuficiencia emocional? Es un atributo importante de la inteligencia emocional. Un individuo emocionalmente inteligente no sólo puede sentir, entender y sentir empatía con los sentimientos de los demás, sino que también tiene una firme comprensión de sus propias emociones.

Lo creas o no, la inteligencia emocional es un indicador más grande del éxito de uno que su coeficiente intelectual. Aunque es más probable que un coeficiente intelectual te dé un trabajo en particular, tu nivel de inteligencia emocional determinará si mantienes ese trabajo o si te ascienden. Más que esto, sin embargo, la inteligencia emocional es vital para el cumplimiento de las relaciones personales, ya sea con la familia, los amigos o las parejas románticas. Algunas personas nacen con un don intrínseco para la inteligencia emocional, pero es completamente posible que otras aprendan y desarrollen la habilidad con el tiempo. Examinemos los hábitos que alteran la vida de las personas emocionalmente inteligentes.

- **Siempre encuentran puntos en común**

Cuando se conversa con alguien, las personas emocionalmente inteligentes se centran en las similitudes en lugar de en los conflictos potenciales. No importa quién sea o cuán diferente parezca ser esa persona, siempre conversan con la intención de encontrar intereses y valores comunes. Incluso si la persona con la que están hablando abiertamente no está de acuerdo con ellos sobre algo, los individuos con un alto nivel de Inteligencia Emocional eligen enfocarse en las similitudes. Cuando se enfrentan a un conflicto, tienen la madurez de decir: "Aceptemos no estar de acuerdo".

- **Son conscientes de sí mismos**

La autoconciencia es un atributo clave de la inteligencia emocional. Esto significa que un individuo tiene una buena comprensión de quiénes son, cómo se sienten, cuáles son sus factores desencadenantes y cómo es más probable que reaccionen en un escenario dado.

Tomemos a Sally, por ejemplo. Tiene un ecualizador extremadamente alto. Después de un mal día en el trabajo, ella reconoce que se siente ansiosa y triste. Sus amigos la invitan a cenar en el centro comercial. Sabe que cuando está triste, es más probable que vaya de compras y gaste de más, por lo que tiene la conciencia de que estar cerca de un centro comercial no es una buena idea.

- **Son maestros de la autodisciplina y de la autogestión.**

¿Recuerdas cuando Sally reconoció que ir al centro comercial en un mal día tendría un resultado terrible? La conciencia es una cosa, pero tener la disciplina para decir no es otra. La autoconciencia y la autodisciplina van de la mano como el pan y la mantequilla. Después de todo, ¿qué sentido tiene ser consciente de cuál es el mejor curso de acción si no puede tomar esa acción?

Las personas emocionalmente inteligentes no son esclavas de sus impulsos. No son propensos a grandes explosiones de ira o indignación; manejan sus sentimientos en privado y, si hay que hacer algo, lo hacen con madurez. Tienen la fuerza de la mente para suprimir el comportamiento que sólo causará daño y destrucción, incluso si causa agitación momentánea. No esperan que otras personas cuiden de sus sentimientos, sino que se cuidan a sí mismas.

- **Siempre están conscientes del subtexto**

Todo el mundo sabe que hay una gran diferencia entre las palabras que la gente dice y lo que *realmente* dice. Los individuos con un alto nivel de Inteligencia Emocional siempre están conscientes de este subtexto. Son maestros en la interpretación de los tonos de voz, el ritmo de las palabras y la vibración general que desprende cada persona que conocen. Con todo lo que miden a través de la observación, son capaces de entender lo que no se dice. La intuición y los "sentimientos viscerales" también pueden ayudar a descifrar el subtexto. Si tienes un fuerte presentimiento sobre algo, lo más probable es que estés en algún subtexto.

- **Se mantienen alejados de los juegos de culpabilidad**

Las personas emocionalmente inteligentes son maestros de la responsabilidad y la aceptación. Cuando algo sale mal, se resisten a la tentación de señalar con el dedo a otra persona. Reconocen que por lo general se necesita más de una persona para crear una situación determinada. Si descubrimos que un amigo habló de nosotros a nuestras espaldas, es fácil echarle toda la culpa a ellos y decirles que no deberían haber hecho eso. ¿Pero qué pasa si tu amiga dice que está enojada porque le debes mucho dinero y ella cree que nunca le devolverás el dinero? Es importante que reconozcamos nuestra parte en cada situación. No se trata de sentirse culpable, se trata de admitir que tenemos más poder del que nos damos cuenta y reconocer las repercusiones.

Es cierto que a veces podemos culpar a una persona por algo que sale mal. Si usted tomó todas las precauciones de seguridad y alguien le robó de todos modos, parece muy claro a quién se le debe culpar. No tú, sino ellos. Evitar el juego de la culpa no significa que nunca puedas decir que alguien más cometió un error; significa que no te quedas atrapado en un bucle de culpa en el que te haces sufrir más de lo necesario. Es la diferencia entre pensar "Ese hombre cometió un error" y "Qué hombre tan horrible". ¿Cómo se atreve? Ahora todo está arruinado y todo es por su culpa".

Por qué la autocompasión es importante para las relaciones sanas

Una idea equivocada muy conocida acerca de las relaciones satisfactorias es la idea de que necesitamos dar, dar y dar a nuestros compañeros más cercanos. La bondad y la empatía hacia los demás son partes importantes de toda relación, eso es cierto, pero es imperativo que nunca descuidemos nuestras propias necesidades. De hecho, una buena regla empírica es tratarte a ti mismo de la manera en que tratarías a un buen amigo. Nunca le pediríamos a una amiga que dé hasta que no tenga nada, así que nunca deberíamos pedirnos eso a nosotros mismos.

La autocompasión nos ayuda a recargarnos para que podamos continuar haciendo lo mejor para el mundo en el que vivimos. Cuando nos drenamos de energía, somos más propensos a la depresión, el mal humor o el agotamiento general. Nos despojamos de todo lo que necesitamos para seguir siendo buenos amigos. Indirectamente, la autocompasión también ayuda a las personas que nos importan.

Aquí están las maneras en que podemos mostrarnos autocompasión en nuestras relaciones diarias:

Comunicación En Las Relaciones

- Tus amigos quieren que te quedes hasta tarde para una gran noche, pero estás agotado del trabajo y no quieres ir. En lugar de forzarte a salir porque todo el mundo quiere que lo hagas, pon en primer lugar el autocuidado. Díselo a tus amigos: "Voy a dejar para otro día y me quedaré en casa a descansar. Estoy muy cansado, así que sé que lo entiendes. ¡Hagamos otra cosa pronto!"
- Estás con un grupo de personas que están compartiendo historias de sexo. Siempre has sido una persona más reservada y empiezas a sentirte incómoda con el tema. Cuando todos te miren expectantes, esperando una historia, no te sientas presionado. Sólo dilo: "Prefiero mantener esta parte de mi vida en privado, así que voy a pasar." O si estás con un grupo más cercano de amigos, no dudes en decirles: "No me siento cómodo compartiendo historias tan íntimas. ¿Podemos cambiar de tema?"
- Te encuentras con un amigo del que no eres muy amigo. Se entera de que rompiste con tu pareja y te presiona para que te cuentes todo lo que pasó, aunque no quieras hablar de ello. Sea amable con usted mismo y no ceda a la presión si eso le causa angustia. Díselo: "Aún no estoy listo para hablar de ello. Todavía es difícil de pensar, así que tendré que decírtelo en otro momento. Gracias por tu preocupación."
- Si un miembro de la familia dijo algo extremadamente doloroso y de repente quiere verte, sé compasivo contigo mismo y pregúntate si estás listo o si quieres hacerlo. Cuando alguien nos hace daño puede pasar un tiempo antes de que nos sintamos seguros a su alrededor de nuevo. Esto no es culpa nuestra, y siempre debemos asegurarnos de que estamos preparados para futuras interacciones.

Comunicación En Las Relaciones

Las relaciones sanas y profundas requieren que ambas partes sean atendidas. Para desarrollar conexiones más satisfactorias, asegúrese de que ambas partes obtengan lo que necesitan cada vez - ¡y sí, eso significa que usted también! Asegúrese de que se respeten los límites y de que siempre se logre el equilibrio.

Capítulo 7 - Situaciones difíciles y errores sociales

Tiene que suceder en algún momento. Desafortunadamente, es cuando menos te lo esperas. Crees que todo va a la perfección y sientes que eres tan suave como la miel, pero entonces sucede lo inesperado. Tal vez dices algo que no deberías haber dicho - un flub fácil o un no-no mayor - o tal vez las circunstancias están fuera de tu control, y un verdadero idiota sale de la nada, desbaratando todos tus movimientos bien jugados y haciéndote ver como un tonto.

No somos perfectos y tampoco lo es nadie más. Momentos incómodos sucederán y algunos de ellos serán dignos de ser recordados. Además de esto, hay mucha gente grosera, y nos vamos a encontrar con ellos nos guste o no. Para convertirse en un maestro de la conversación, es necesario que usted entienda cómo difundir una situación social difícil. Puede haber caminos rocosos adelante, así que es mejor prepararse.

Cómo hablar para salir de situaciones difíciles o incómodas

No te quedes sentado y te pongas rojo en la cara. Hay muchas maneras en que podemos usar el habla y la conversación para mitigar una conversación difícil. Le sorprenderá lo mucho que podemos lograr con estos consejos rápidos.

- **Ofendiste a alguien**

Hay muchas razones por las que usted podría encontrarse en esta difícil posición. Podrías haberte encontrado con alguien que era fácil de ofender, o tal vez, sólo tal vez, dijiste algo legítimamente terrible. El primer paso es siempre disculparse, lo quieras o no, y hacerles saber que no quisiste ofenderlos. El segundo paso depende de usted.

i) Insista en que eligió mal sus palabras y que no era lo que quería decir. Si puede, corrija lo que dijo con una redacción mejor y menos ofensiva. También puede atribuirlo a la falta de sueño o a la fatiga, y decirles que usted no es tan elocuente como normalmente lo es.

ii) Asumir la culpa, ser vulnerable y transferir el poder de usted a la otra parte. Por ejemplo, digamos que accidentalmente insultaste la forma en que tu amiga se vistió para una fiesta y ella está notablemente molesta. Aclare las cosas inmediatamente diciendo: "Lo siento. En realidad soy yo, no tú. Me siento muy cohibido con este traje, y tú te ves genial. Estoy un poco celoso, así que proyecté lo que siento sobre ti".

- **Alguien te insulta abiertamente**

Horrible, escandaloso, humillante; estas son algunas de las palabras que podrías usar para describir el momento en que alguien te insulta. Puede ser directa y directa, o muy implícita. De cualquier manera, es probable que te sacuda hasta la médula.

El primer paso es considerar si realmente nos han insultado. A menudo, podemos percibir las declaraciones brutalmente honestas como insultantes, pero en realidad se basan en una dura verdad que no queremos aceptar. Si encontramos que el insulto es más factual que no, entonces acepte lo que se está diciendo, discúlpese si es necesario y ajuste su comportamiento, teniendo en cuenta esta nueva retroalimentación.

También puedes darte cuenta de que el insulto fue real, y que una persona realmente atacó a tu personaje. En ese caso, puede seguir cualquiera de estos pasos:

i) Usar el humor para socavar y ridiculizar el insulto. Esto requiere cierta habilidad, pero cuando se hace correctamente, se puede ganar a toda una audiencia.

ii) Defenderse de una manera honesta y tranquila. Esto no significa defenderse. Si alguien te llama idiota por no saber algo, puedes responder diciendo: "No soy idiota. Nadie lo sabe todo y todos estamos aprendiendo aquí". Defendiéndote de una manera madura, saldrás de la situación en la cima.

iii) Dejar que se deslice, pero después sacarlo en privado. Si no eres rápido de pie, está bien no decir nada o reírte de ello por el momento. Más tarde, puede llevar a la persona a un lado y confrontarla sobre lo que dijo. Esta opción es más probable que obtenga una reacción significativa de la persona que lo insultó. Después del calor del momento, la gente a menudo se arrepiente de sus errores. Sea honesto acerca de lo innecesario e hiriente que fue ser insultado. Esta confrontación directa puede hacer que esta persona se disculpe.

- **Alguien trata de discutir contigo**

Cuando nos metemos en una conversación, la mayoría de la gente se esfuerza por mantenerla en armonía. Sin embargo, por muchas razones, es posible que encuentre a alguien con un enfoque argumentativo. Esto puede ser porque se sienten apasionadamente en contra de algo que usted dijo, o puede ser debido a su personalidad. Asumiendo que no tiene ningún interés en entrar en este argumento, puede seguir cualquiera de estos pasos:

i) Diga "Acordemos estar en desacuerdo". Desconéctese completamente de la acalorada discusión. Córtala antes de que empeore.

ii) Escuchar el punto de vista de la otra persona. Al final del día, la persona sólo quiere que veas su lado. Permítales que lo pongan al tanto, mientras dicen que usted ve su punto de vista. Reconozca que tienen puntos interesantes, pero evite mencionar su opinión. Poner en práctica sus habilidades de escucha es otra manera efectiva de evitar una discusión.

- **Alguien se te insinúa de forma odiosa.**

Las mujeres experimentan esto más a menudo que los hombres. Usted puede estar en cualquier lugar, en un autobús o en una fiesta, y alguien puede decidir hacer una jugada. A través del lenguaje corporal y la naturaleza de su discurso, usted entiende que no está interesado, pero el individuo coqueto no se mueve.

i) Dígales que paren. A veces se puede sentir que esto es lo peor que se puede hacer, pero por lo general es el método más efectivo. La otra persona no puede captar una indirecta, así que a veces no hay otra manera de decírselo abiertamente. No tiene que ser grosero si estás tratando de dejar salir a esta persona suavemente. Podrías decir: "Me estás haciendo sentir incómodo. Realmente no estoy interesado. He tratado de hacértelo saber discretamente, pero quizás no estoy siendo lo suficientemente claro."

ii) Mencione que tiene una pareja. En la conversación, deja que se te escape que tienes un novio o novia, o un esposo o esposa. Si puedes hablar de ellos, es más probable que te dejen en paz. Incluso puede hacer esto si no tiene una pareja; sólo esté preparado para responder a las preguntas que le hagan.

iii) Buscar la compañía de un tercero. Si estás en una reunión social, pídele a otra persona que se una a ti o que se disculpe para participar en una conversación diferente. No tengas miedo de decirle a otra persona (idealmente del mismo sexo que tú) que necesitas ayuda para deshacerte de un coqueteo odioso. La mayoría de la gente simpatiza contigo y trata de ayudar.

- **Necesitas romper con un novio o despedir a un empleado**

Estas son algunas de las conversaciones más difíciles de iniciar. Y sin embargo, dominar cómo hacerlo puede hacer una diferencia genuina en la vida de la persona rechazada. Un mal rechazo o fin de una relación puede bajar la autoestima de alguien, o empoderarlo para que crezca. Para asegurar que sea la segunda en lugar de la primera. Siga estos consejos.

i) Hacer el tiempo y hacerlo en persona. Aunque la situación es extremadamente incómoda para usted, sin duda, no se precipite en la charla y haga que la reunión sea lo más personal posible. Es más difícil para la otra persona que para ti, así que asegúrate de darle todo el cierre que necesite. Si no tienen un cierre, hay una mayor probabilidad de que se lo tomen mal y les resulte difícil seguir adelante.

ii) Cuénteles los temas con honestidad, pero también mencione su potencial. Siempre debemos ser bastante honestos sobre lo que no está funcionando. Si estás rompiendo con tu pareja porque sientes que no eres compatible, está bien que se lo digas. Pero asegúrese de mencionar también algo que no los haga sentir como un fracaso. Empoderarlos para que encuentren otro socio o empleador. Si usted se va a separar de ellos debido a un problema existente, deles consejos constructivos sobre cómo crecer. También esté preparado para la posibilidad de que también le den retroalimentación.

iii) Termine la conversación con una nota positiva. Puede que sea una ocasión triste e incómoda, pero no hay razón para que tenga que terminar con esa nota. Deséenles buena suerte en todos sus esfuerzos futuros. Dígales que está tan seguro de que encontrarán un trabajo o una pareja que sea adecuado para ellos, ¡muy pronto!

Lidiando con personalidades difíciles

No importa cuántas tácticas sociales tengas bajo la manga; cuando una persona difícil entra en juego, a veces puede estar decidida a arruinar el estado de ánimo o a calentar una conversación. Para un número de personas difíciles, es simplemente como son, pero es importante notar que para la mayoría de las personas, podría ser sólo un mal día o un período difícil en su vida. Aunque esto no excusa su comportamiento, debería animarnos a identificarnos con ellos y resistir el impulso de ser desagradables.

Antes de discutir los tipos específicos de personalidades difíciles, he aquí tres reglas generales para tener en cuenta:

- Considere cuál es su necesidad real. ¿Qué es lo que realmente quieren que no sepan cómo llegar de una manera saludable? Puede haber necesidades generales que son comunes a ciertos tipos de personalidad, pero a menudo pueden ser específicas del individuo.

- Mantenga la calma y escuche lo que dicen antes de responder.

- Tome el camino correcto y continúe tratándolos con respeto.

Comunicación En Las Relaciones

1. El Ególatra

Los ególatras tienen un sentido inflado de autoimportancia y de alguna manera la conversación siempre parece llevarnos de vuelta a lo grandiosos que son. Pueden ser abiertamente ególatras, hablando sin vergüenza de sus logros, pero a veces puede ser sutil. Muchos intentan parecer una persona normal, pero te darás cuenta de que no les importa lo que estás diciendo, y si lo hacen, pueden mostrar algo de competitividad. Para detectar a un ególatra, busque a alguien con extrema confianza. Es probable que tengan un sentido de derecho que se manifiesta en una actitud de "Esto es tan injusto" sobre algo menor. Los ególatras suelen estar solos, pero si no lo están, van acompañados de otros ególatras o de una pareja muy sumisa.

La verdadera necesidad: La mayoría de las veces, lo que puede aparecer como egomanía es en realidad una profunda inseguridad y una base emocional débil. En el fondo, sienten que hay algo que les falta, así que deben vencer este instinto visceral gritando sobre lo grandes que son. Si no lo hacen, tendrán que enfrentarse a sus verdaderos sentimientos sobre sí mismos, y son tan débiles que no pueden manejar esta realidad. Lo que realmente necesitan es reconocimiento, pero no sobre sus logros superficiales. En cambio, necesitan seguridad sobre sus cualidades más profundas. Tienen tanta inseguridad sobre su verdadero yo, que sobre compensan y se jactan de los otros aspectos de su vida que pueden controlar, como el auto que conducen, con quién se han acostado, o cuánto dinero ganan.

A veces, sin embargo, el ególatra que has conocido es un sociópata. No sienten remordimiento ni empatía, y pueden ser extremadamente inteligentes. Estas personas no anhelan el reconocimiento, y su necesidad es simplemente dominar a los demás.

Solución: Unególatra no puede aceptar bien la crítica y no es capaz de rendir cuentas, así que estaría perdiendo el tiempo tratando de obtener una disculpa. La mejor manera de tratar con ellos es no tomar en serio lo que dicen y evitar darles la adulación que desean. En las discusiones, sólo se tratan los hechos y nunca las emociones. Recuerde, a ellos no les importan sus emociones, sólo las suyas.

2. El matón

A nadie le gusta un matón y si te encuentras con uno, es probable que no seas la única persona que está tratando de luchar contra él. El intimidador disfruta avergonzando, humillando o señalando a las personas que lo rodean. Se emociona al ver a alguien con la guardia baja o sin palabras después de menospreciarlo. La mayoría de las veces, un intimidador sólo actúa de esta manera cuando está en un grupo. Uno a uno, puede que lo encuentres bastante inseguro y distante, pero no siempre. Los acosadores adultos pueden causar tanto daño como los acosadores infantiles, pero desafortunadamente, no se enfrentan tanto a su comportamiento; a los adultos no les gusta admitir que están tratando con un acosador.

La verdadera necesidad: Los intimidadores generalmente vienen de la vida hogareña donde ellos mismos fueron dominados o intimidados. Su comportamiento está arraigado en un sentimiento de no tener control o poder; es por eso por lo que buscan escenarios en los que puedan sentirse poderosos. Incluso si no tiene sus raíces en una vida hogareña traumática, la necesidad de todos los intimidadores es similar: sentirse poderoso y superior al agitar las emociones de alguien y hacer que se sienta inferior.

Solución: Los intimidadores disfrutan incitando una reacción en su objetivo, así que hagas lo que hagas, actúa con calma y evita ser reactivo. Manténgase fresco frente a su agresividad y pronto se darán cuenta de que no pueden obtener lo que quieren de usted. Dese cuenta de que se están comportando desde una necesidad inmadura e infantil, por lo que debe tratarla como tal. No les des el placer de sentir que dominan tus emociones. Si usted conoce bien a este bravucón, llámelo por su comportamiento y no deje que se salga con la suya.

3. La Víctima

No se equivoque, la víctima puede parecer una persona inofensiva y patética, pero puede hacer mucho daño, incluso sin darse cuenta. Las víctimas siempre se sienten perseguidas, como si estuvieran constantemente recibiendo el palo más corto. Pueden acusar a otros de tratarlos de manera diferente o de comportarse cruelmente con ellos, aunque no haya ocurrido tal cosa. A estas personas les encanta hablar de sus problemas personales. Son propensos a compartir mucha información en poco tiempo y pueden hacerlo durante períodos de tiempo prolongados. Si tratas de sacar a relucir tus propios problemas, ellos responderán con una actitud que diga: "Mi problema es mucho peor". Si una Víctima causa daño a otra persona, le cuesta trabajo hacerse responsable. Creen que no pueden herir a los demás, ya que son ellos los que realmente están sufriendo.

La verdadera necesidad: En algún momento de la vida de la Víctima, no obtuvieron la empatía o simpatía que necesitaban de una persona importante, como un padre. Durante algún acontecimiento de la vida, ellos fueron verdaderamente la víctima de la situación, pero nadie lo reconoció. Debido a que no consiguieron el cierre que necesitaban, continuaron llevando esta necesidad de compasión a otras áreas de su vida. Las Víctimas necesitan empatía, pero más que nada, también necesitan límites. Necesitan darse cuenta de que lo que les sucedió en el pasado está separado de lo que está sucediendo ahora.

Solución: Para evitar todo el drama de la Víctima, no les sigas la cuerda. Una vez que empiezan con sus problemas, es difícil para ellos dejar de hacerlo. En vez de eso, trate con ellos positivamente y deles lo opuesto de lo que quieren escuchar. Diga cosas como: "Lamento oír eso, pero es genial que al menos tuvieras amigos maravillosos que te ayudaran". Incluso si no están convencidos de tu positividad, les mostrará que no pueden arrastrarte a su agujero de autocompasión. Si conoces bien a la persona, dale límites. Por ejemplo, digamos que usted les escuchará quejarse durante cinco o diez minutos, pero después de eso, usted sólo está interesado en discutir soluciones a los problemas.

4. Los Nancy Negativos

Al igual que las víctimas, los individuos negativos pueden parecer buenas personas. Sin embargo, una vez que entres en una conversación más profunda, notarás una cosa: ¡explotan tanta negatividad! Son desconfiados y siempre ven el lado negativo de cada problema. Ellos lo desanimarán del menor riesgo, y usted puede dejar interacciones con ellos sintiéndose más preocupado, y mucho menos excitado.

La verdadera necesidad: Ante los ojos de la persona negativa ellos, no están siendo negativos, sólo realistas. Al ser negativos, intentan controlar la situación manteniéndose conscientes del peor escenario posible. En algún momento en el pasado, bajaron la guardia y ocurrió algo malo que estaba fuera de su control. Desde entonces, han necesitado sentir que tienen el control, así que siempre esperan el peor de los casos. Desafortunadamente, al hacer esto, tiende a convertirse en una profecía autocumplida.

Solución: Contrarresta su negatividad con positividad, pero recuerda que no es tu responsabilidad hacerlos felices. Muestre a la Nancy Negativa que sí tienen control sobre la creación de un resultado positivo. Y demuéstrales que infundir negatividad en cada situación puede realmente traer un resultado negativo. Considere la posibilidad de compartir algunas historias interesantes de su vida en las que se arriesgó y que resultaron en algo muy positivo.

5. Los Contrarios

Es normal tener una dosis de contrariedad en nosotros, pero los verdaderos contrarios la llevan al extremo. No importa lo que digas, aunque sea completamente razonable, el contrario siempre tomará el bando contrario. Les encanta debatir y no les importa lo que la gente piense de ellos. A menudo, incluso hacen de abogado del diablo, adoptando una opinión impopular, sólo para provocar un buen argumento. Cualquiera que ame el debate puede llevarse bien con un oponente, pero aun así, el desafío constante puede ser agotador.

La verdadera necesidad: Las necesidades de los contrarios pueden variar. A veces, el individuo realmente quiere aparecer como una persona única - alguien que se destaca entre la multitud. Otras veces puede provenir de una genuina desconfianza hacia la autoridad; por lo tanto, cualquiera que sea la opinión principal, inmediatamente esperan algo sospechoso detrás de ella. Cuando se enfrentan a una autoridad percibida, es una rebelión y un intento de sentirse superiores. A veces sienten que están haciendo lo correcto, pero otras veces es puramente para satisfacer su propio ego. Si ellos pueden poseerte en un argumento, entonces en su mente, han afirmado su superioridad sobre alguna fuerza de autoridad.

Solución: Los contrarios son algunas de las personalidades más probables para empezar a discutir. La mejor manera de evitarlo es concentrarse en encontrar un terreno común con ellos. Dado que son tan apasionados por ciertos temas, un enfoque de "pongámonos de acuerdo en desacuerdo" puede que no siempre funcione. En este caso, intente adoptar un enfoque de escucha. En lugar de discutir, pregúnteles acerca de sus opiniones y pídales que se lo expliquen más a fondo. No puede convertirse en un argumento si no introduces tu opinión en el asunto.

Si usted discute con un adversario, apéguese a los hechos. No se frustre ni se sienta abrumado por la emoción, ya que algunos contrarios disfrutan de esto. Otra manera de evitar un debate es hacer que el adversario le diga primero su opinión. De esa manera sabrás cómo estar de acuerdo con ellos y evitar una discusión.

¿Cuándo está bien mentir?

A todos nos dicen que mentir es malo, pero no siempre es tan simple. Nunca debemos mentir para manipular o engañar, pero hay muchas ocasiones en las que mentir puede ser útil o beneficioso. Si no está seguro de si está bien mentir en una situación en particular, hágase estas preguntas. Cuantas más veces respondas "sí", más probable es que *no debas mentir*.

- Si miento, ¿prolongaré una situación que es perjudicial para alguien?
- Si miento, ¿estoy permitiendo que alguien se haga ilusiones malsanas?
- Si miento, ¿me salvaré de un peligro potencial?
- Si digo la verdad, ¿bajaré su autoestima?
- Si digo la verdad, ¿heriré los sentimientos de alguien por algo de lo que no tiene control?

Capítulo 8 - Uso de la conversación para obtener lo que desea

Un mensaje corto del Autor:

¡Hey! Hemos llegado al capítulo final del audiolibro y espero que lo hayan disfrutado hasta ahora.

Si aún no lo has hecho, estaría muy agradecido si pudieras tomarte un minuto para dejar una revisión rápida de Audible, ¡incluso si se trata de una o dos frases!

Muchos lectores y oyentes no saben lo difíciles que son las críticas y lo mucho que ayudan a un autor.

Para ello, sólo tienes que hacer clic en los 3 puntos de la esquina superior derecha de la pantalla dentro de la aplicación Audible y pulsar el botón "Rate and Review".

A continuación, se le llevará a la página de "evaluación y revisión", donde podrá introducir su clasificación por estrellas y luego escribir una o dos frases.

¡Es así de simple!

Espero con interés leer su reseña, ya que yo personalmente leo cada una de ellas.

Estoy muy agradecido ya que su revisión realmente marca una diferencia para mí.

Ahora volvamos a la programación programada.

Los mejores conversadores están constantemente usando palabras para usarlas a su manera. Puede ser algo tan menor como convencer a un amigo de que salga contigo o tan importante como convencer a tu jefe de que necesitas un aumento masivo. Y si no lo estás haciendo, lo más probable es que te lo hayan hecho a ti. La parte más loca es que ni siquiera vas a ser consciente de las tácticas más exitosas contra ti. Los conversadores más persuasivos pueden pasar desapercibidos como un gato negro en la oscuridad.

Como hemos demostrado, nunca se trata sólo de lo que dices, sino también de cómo te comportas. Su comportamiento sentará las bases para sus palabras e influirá fuertemente en cómo se manifiestan. Por eso, en el campo de la persuasión, también debemos comenzar con tácticas de comportamiento.

Maneras sutiles de demostrar dominio

Mostrar dominio real no se trata sólo de actuar como un idiota o actuar con arrogancia. De hecho, si te presentas como una persona desagradable, sólo estás mostrando un comportamiento agresivo. Esto no requiere ninguna habilidad y no es un método sostenible de tomar o mantener el poder. Estás jugando con la necesidad de todos de defenderse contra la violencia acorralándolos y haciéndoles sentir que no tienen otra opción. La verdadera dominación, por otro lado, se logra haciendo que otros sigan su ejemplo voluntariamente.

Si dos personas, iguales en experiencia y habilidad, son entrevistadas para el mismo trabajo, el comportamiento dominante puede hacer que una de las partes parezca más competente. Por qué? Es mucho más de lo que se ve en el papel. Una persona que muestra un comportamiento dominante muestra habilidades potenciales de liderazgo y el gran ganador, la confianza. Presenta la ilusión de que su competencia es más fuerte que la de la otra persona, aunque no sea verdad. Incluso fuera del ámbito profesional, el comportamiento dominante hace que sea más probable que la gente te escuche y aumenta tu nivel de atractivo para el sexo opuesto.

Dicho esto, no necesitas convertirte en un alfa total para tener éxito, sólo necesitas tener en cuenta algunos de estos consejos para cuando se revele el escenario correcto.

1. **Haz tu cuerpo más grande**

La psicología detrás de este signo de dominación tiene sus raíces en nuestra naturaleza animalista. En el reino animal, muchas bestias muestran la grandeza de su tamaño para intimidar a los otros contendientes. El que parece mayor gana por defecto, sin necesidad de incitar a la violencia. Los humanos también pueden hacer esto para afirmar con éxito su dominio. Para que su cuerpo se vea grande, abra el pecho, manténgase erguido, y si no se ve antinatural, ponga las manos en las caderas. Además de lo anterior, las mujeres también pueden demostrar dominio usando zapatos de tacón alto.

2. Caminar por el centro de la habitación

Cuando se encuentra en una habitación abarrotada, las personas tienden a hacer su cuerpo más pequeño y a moverse a través de cualquier lado de la habitación que tenga más espacio. En lugar de adaptarse a la habitación, trate de hacer que la habitación se adapte a usted. Camine por el medio de la habitación, incluso si hay una multitud, y espere que la gente se aparte de su camino. La mayoría de la gente quiere evitar tropezar con alguien, así que se moverán si usted se niega a hacerlo.

3. Sentarse en la cabecera de la mesa

La persona que se sienta en la cabecera de la mesa lo supervisa todo. Pueden vigilar a cualquiera, y ocupan el único asiento que no comparte su nivel con nadie más. La próxima vez que estés con un grupo, siéntate en ese asiento dominante.

4. Usar gestos con las manos y tocar

Para hacer valer su dominio, haga buen uso de sus manos. Asegúrese de iniciar un apretón de manos extendiendo la mano primero. Entonces recuerde, para sacudir con firmeza. Mientras habla, use sus manos de manera expresiva, pero mantenga sus muñecas fuertes y nunca cojeando. Los individuos dominantes también tocan a otras personas, aunque no las conozcan muy bien. Esto no es sexual. Esto puede ser un golpe amigable en el hombro, una bofetada en la rodilla, o tal vez incluso una mano colocada en la espalda seguida de una declaración directiva como: "Vamos a conseguirte otro trago".

5. Hablar con una voz más fuerte

Los estudios han demostrado que la voz más alta del grupo se considera la más dominante. Aunque hablen menos que otros, hará que todos los demás se detengan debido a su volumen. Use los pulmones y el diafragma para lograr una voz más fuerte. Al intentarlo, no grites ni grites mientras estás en conversación, ya que esto sólo alarmará y posiblemente ahuyentará a las personas que te rodean.

También es muy importante asegurarse de que su voz nunca se eleva en tono cuando usted conversa. Cuando estamos en presencia de alguien que sentimos que es superior, nuestras voces se vuelven inmediatamente más agudas de lo normal. Mantenga su voz en su tono normal en todo momento para evitar parecer sumiso.

Ahora que tenemos nuestro comportamiento bajo control, hagamos un vaivén.

Técnicas de persuasión para todas las situaciones

1. Enmarcar

Cuando se trata de balancear a la gente en una dirección de su elección, el arte de enmarcar es un clásico. Cuando enmarcamos algo, destacamos los atributos que mejor ayuden a nuestro argumento, mientras prestamos menos atención o incluso ocultamos sus factores menos atractivos.

Digamos que estás tratando de convencer a un amigo tuyo de que se vaya de vacaciones contigo y tu familia. Para ayudar a su argumento, usted debe mencionar la hermosa ubicación, las actividades divertidas, las lujosas habitaciones de hotel, los atractivos locales, etc. Y debes evitar hablar largo y tendido sobre tu molesta tía Margaret y el hecho de que estará muy concurrida durante la temporada turística. Si tu amigo ya sospecha los riesgos, entonces reconócelos, pero enfatiza los aspectos que ayudarán a tu argumento.

2. La escalera del sí

Esta técnica psicológica ha demostrado tener éxito en obtener una respuesta afirmativa cuando se usa correctamente. El primer paso es pensar en la gran pregunta a la que necesita una respuesta positiva. Una vez que haya determinado qué es esto, empiece a pensar en preguntas más pequeñas y relevantes que tengan más probabilidades de obtener una respuesta afirmativa. Poco a poco se abrirá camino a través de las preguntas fáciles, antes de terminar con la gran pregunta.

Por ejemplo, digamos que usted está tratando de convencer a su familia para que se vaya de vacaciones, pero usted sabe que son reacios a dejar su rutina normal. Comenzarías con preguntas como: "¿Alguna vez has sentido que hay tanto en el mundo que aún no has visto?" y "¿Estás de acuerdo en que la vida es más satisfactoria cuando estás tomando riesgos y experimentando algo nuevo? Podrías decir:"¿Alguna vez has sentido que estás desperdiciando tu vida jugando a lo seguro?" Lo más probable es que digan que sí a todas estas preguntas. Una vez que haya extraído todas las respuestas "sí", su gran pregunta tiene una probabilidad mucho mayor de éxito. Finalmente, te preguntas, "¿Quizás es hora, entonces, de ir de vacaciones y finalmente tener algunas experiencias nuevas?

3. La petición irrazonable

Si la escalera de la respuesta afirmativa no es la adecuada, ¿por qué no intentar lo contrario? En lugar de hacer una gran pregunta, comience con una pregunta irrazonable. Es importante asegurarse, sin embargo, de que usted no quiere esta petición irrazonable. Estás esperando que la otra persona diga que no a esto para que cuando finalmente llegues a tu petición más pequeña, parezca mucho más razonable. Por ejemplo, digamos que le estás pidiendo a alguien que haga una donación a tu organización benéfica. Empieza diciendo:"¿Te interesaría hacer una donación de $200?" Cuando sacuden la cabeza y dicen que no, por fin puedes decir: "Entendemos". En ese caso, ¿qué tal una donación de 10 dólares?"

4. Hay que destacar los beneficios

Para convencer eficazmente a alguien de un curso de acción, usted debe considerar los beneficios que experimentará. Nunca asuma que la gente hará algo simplemente por la bondad de sus corazones, especialmente si usted no es un amigo o pariente cercano. Cuando estés tratando de persuadir a alguien, realmente enfatiza los beneficios que recibirá si está de acuerdo con lo que estás diciendo. Esto funciona en todas las situaciones. Si hay una razón por la que son reacios, muéstreles cómo uno de los beneficios les ayudará a resolver ese problema. Si está tratando de convencer a un compañero de trabajo para que almuerce con usted, pero está demasiado ocupado haciendo toques de última hora en un proyecto, no se limite a enfatizar lo buena que será la comida. Sea específico con sus beneficios. Por ejemplo, se podría decir que probablemente trabajará mucho más eficientemente una vez que coma algo de buena comida.

5. Acelerar o ralentizar el habla

Una regla de persuasión conocida es que si es más probable que la audiencia esté en desacuerdo con lo que usted está diciendo, aumente la velocidad a la que usted está hablando. Vemos esto mucho en los vendedores, que hablan más rápido para que la persona con la que hablan se sienta abrumada por la información. Esto les da menos tiempo para notar cosas que pueden ser incorrectas y es menos probable que formen un contraargumento.

Si usted piensa que las probabilidades están a su favor, lo contrario será beneficioso. Reduzca la velocidad de su discurso si cree que existe una gran posibilidad de que su público esté de acuerdo con usted. Esto asegurará que los demás se sientan más satisfechos con su decisión. Si les das tiempo para evaluar toda la información que has presentado, sentirán como si hubieran llegado a la conclusión por su cuenta. No se sentirán como si estuvieran sujetos a tácticas de persuasión, y esto los hará más felices con su decisión.

Tres trucos para seducir a alguien a través de la conversación

En primer lugar, aclaremos una cosa. Si alguien no tiene ninguna atracción hacia ti, esta sección no puede cambiar las cosas. De hecho, te será difícil encontrar algo que pueda. Sin embargo, puede convertir un poco de atracción en mucha atracción. Si hay algo ahí, se puede mejorar con estos consejos.

1. Fraccionamiento

El fraccionamiento es una herramienta de programación neurolingüística y sus intenciones originales no eran de seducción. De hecho, se utilizó para mejorar el estado de hipnosis de un paciente durante la hipnoterapia. A pesar de ser controversial, que: funciona. Se trata de utilizar una dinámica caliente-luego fría donde el deseo se eleva a través de un refuerzo intermitente.

Es fácil utilizar este método de seducción de una manera poco ética, pero no aconsejamos recurrir a un comportamiento abusivo. En su lugar, considere las muchas maneras éticas en que podemos usar el fraccionamiento para despertar el deseo.

Comunicación En Las Relaciones

- Incorpore temas de conversación calientes y luego fríos. Durante una conversación ordinaria, tendemos a empezar con una conversación alegre. Y si queremos prolongar la interacción, a menudo se profundiza hasta que está en su estado más intenso, y ambas partes experimentan algún nivel de agotamiento. Cuando usamos el fraccionamiento, vamos y venimos entre temas de intensidad y temas que son más informales. Depende de ti con cuál empiezas, pero siempre debes hacer que la transición sea natural. Pasen de las bromas informales a la discusión acerca de sus familias, a las bromas alegres acerca de los programas de televisión, a los rompecorazones, y así sucesivamente.

Asegúrese de que los temas serios pongan en juego sus sentimientos, y los temas alegres deben ser objetivos o humorísticos. Esta montaña rusa de estados de ánimo intensificará el sentimiento de intimidad. La otra persona sentirá que ha compartido todo con usted, y usted se ganará su confianza.

- Haga declaraciones de empujar y tirar. Al hacer declaraciones que empujan y tiran de un compañero, es importante mantener a ambos lados iguales. Demasiado empuje, y pensarán que eres una persona mala o simplemente no interesada. Demasiado tirón, y pensarán que eres necesitado y pegajoso. Las declaraciones de "empujar y tirar" le permiten expresar sus sentimientos sin abrumar a nadie. Cuando se hacen bien, pueden despertar el interés y aumentar el deseo.

Para formular la declaración ideal para su situación, elija un aspecto de su personalidad que complemente (no componga una buena cualidad - realmente elija una que ella encarne) y dé vuelta a una respuesta convencional en su cabeza. Por ejemplo, podrías decir: "Odio lo increíble que eres con la guitarra. Es un golpe para mi ego". También es importante entregar esta línea con humor y forma juguetona, para que la perciban como positiva en lugar de negativa. Otro ejemplo de tal afirmación es: "Te vistes tan bien que estoy empezando a pensar que no deberías ser visto conmigo". Cualquier cosa que decidas decir, asegúrate de que no parezca un insulto.

2. Insinuación

En pocas palabras, la insinuación es el acto de plantar un pensamiento o una idea en la cabeza de alguien. En lugar de forzar una dirección, simplemente dejas que esta semilla cuidadosamente plantada crezca por sí sola. Cuando usamos la insinuación para seducir, permitimos que el objeto de nuestro deseo vea rápidamente lo que tenemos en mente.

- Toca a una persona con brevedad, especialmente cuando no se lo espera. Aconsejamos hacer esto en una parte del cuerpo que está obligada a enviar un hormigueo a su columna vertebral, aunque uno debe permanecer lejos de todas las regiones privadas. Ponga una mano en la parte inferior de la espalda, frote afectuosamente el hombro de alguien o agarre suavemente justo por encima de la rodilla.
- Realice ocasionalmente una mirada seductora, especialmente mientras mantiene una conversación alegre. Use sus ojos para comunicar cómo se siente realmente, mientras sus palabras permanecen en la zona segura.
- Utilice dobles sentidos inteligentes. La palabra clave aquí es "inteligente". La mayoría de las personas no responden bien a las insinuaciones sexuales vulgares,

pero un doble sentido bien situado, en el momento justo, puede hacer que un amante potencial se mueva. No tiene que ser sexual, puede ser simplemente romántico. Un doble sentido es cualquier afirmación que pueda tener dos significados. Si te refieres a tu carrera, podrías meterte en la fila: "Soy el tipo de hombre que va tras lo que quiere y no lo suelta". Esto cuenta como un doble sentido, ya que también se podría hablar de actividades románticas. Si lo acompañas con una mirada, puedes hacer que la otra persona se desmaye. Un doble sentido sexual es un poco más arriesgado, pero si lees bien las señales, esto podría aumentar la presión en tu cita.

3. Pausas

Sabes todo sobre la tensión sexual, ¿no? Cuando no podemos tener a alguien exactamente cuándo lo queremos (y el sentimiento es mutuo), nuestro sentido del deseo crece y crece, hasta que se sale de la carta. Como hemos demostrado, el suspenso aumenta todas las emociones. Y esta es exactamente la razón por la que una pausa oportuna y bien colocada puede ser muy poderosa. Aquí hay algunos ejemplos de cuándo una pausa puede ser efectiva.

- En un gran cumplido. Antes de concluir el cumplido, inserte una pausa que puede ir acompañada de una mirada o una sonrisa tímida. Digamos que estás elogiando tu enamoramiento actual. Podrías decir: "Te ves.... impresionante". Esta pausa hace que el cumplido parezca mucho más reflexivo y genuino, como si realmente lo hubieras pensado, en lugar de simplemente soltarlo.

- En una declaración vulnerable. Si estás discutiendo o explicando algo en el reino de los sentimientos, añade una pausa antes de la parte más reveladora de tu frase. Esto aumentará la intimidad y la vulnerabilidad de la situación. Si estás en una cita prometedora, podrías decir: "Siento que esto va muy bien". Pausa. "¿Sientes lo mismo?"

Seis consejos altamente efectivos para negociaciones exitosas

Las negociaciones suelen realizarse con nuestros empleadores o gerentes, pero no se limitan al ámbito profesional. Cuando somos jóvenes, podemos negociar con nuestros padres, y una vez que seamos mayores, podemos negociar con nuestras parejas. La señal de una negociación exitosa es que ambas partes se van satisfechas. La meta de alguien se alcanza y el otro lado no se siente menos por ello. La otra parte puede incluso sentir que es lo mejor. Para asegurarse de que sus negociaciones futuras le proporcionen a usted y a las personas en su vida los máximos beneficios, tenga en cuenta estos consejos.

1. Haga del tiempo su aliado

Preste mucha atención al estado de ánimo con el que se encuentra la persona con la que está negociando. El tiempo puede hacer toda la diferencia entre un trato exitoso y uno que falla la marca. Si usted trata de negociar con alguien que se apresura a ir a otra cita, que acaba de escuchar malas noticias o que acaba de terminar una discusión acalorada con otra persona, es muy probable que no obtenga la respuesta que desea.

2. No utilice un lenguaje sumiso o débil

Cuando te encuentras en esta situación con un superior, puede ser tentador utilizar un lenguaje sumiso para suavizar tu petición. Antes de empezar a negociar, puede que quieras decir "Odio pedirte esto, pero..." o "Espero que esto no sea demasiado, pero..." para que no parezca tan exigente. Esto puede debilitar su petición. Si el negociador contrario tiene una racha de arrogancia, puede incluso usar su renuncia en su contra y actuar de manera más agresiva. No les den forraje para hacer eso. Sea seguro y asertivo, sabiendo su valor total. Evite actuar con sumisión, pero también evite actuar con derecho. Encontrar un equilibrio entre los dos.

3. Compartir información honesta

Cuando usted se encuentra en esta situación, especialmente en un entorno profesional, puede ser fácil sentir que debe ser protegido. Esto no es verdad. Ser honesto con su empleador u otra figura de autoridad puede ayudarlo en su caso. Por ejemplo, si usted necesita un aumento porque siente que no está recibiendo lo que vale la pena, y quizás ha empezado a tener problemas financieros, esto puede darle a su jefe más incentivos para que le dé lo que usted quiere.

4. Siempre tenga una primera oferta en mente

Estás en una posición vulnerable, así que es natural que te estremezcas al hacer la primera oferta. Usted también puede pensar que es prudente sentir la situación antes de que se emitan los números. Los estudios han demostrado, sin embargo, que los que hacen la primera oferta se acercan más a su objetivo. Si está buscando un aumento, es más probable que obtenga su salario objetivo si tiene una oferta en mente. Esto se debe a que la primera oferta es en lo que giran las negociaciones. En vez de inclinarse hacia la oferta de su empleador, ellos se inclinarán hacia la suya. La primera oferta anclará la situación, así que asegúrate de que sea tuya.

5. Sea valiente con su oferta

Asegúrese de que su oferta no sea demasiado baja. La gente a menudo tiene miedo de pedir demasiado, pero los estudios han demostrado que es más probable que usted tenga una baja probabilidad. Reflexione sobre cuál es su resultado ideal y no se sienta obligado a jugar a lo seguro.

6. Considere lo que ganarían si dijeran "sí".

No puedes entrar en una habitación y hacer demandas. A menos que la otra parte tenga algo que ganar al satisfacer sus demandas, usted puede despedirse de su cooperación. Antes de negociar, considere el alcance de sus ganancias para averiguar cuánto podrá pedir. Esta ganancia puede ser cualquier cosa, desde recibir un mejor rendimiento o esfuerzo de su parte. O tal vez el beneficio es mantenerte en vez de perderte.

No rehúyas usar la conversación para conseguir lo que quieres. La realidad es que todo el mundo lo está haciendo. ¿Y adivina qué? Probablemente tú también lo eres, sólo que inconscientemente. Cuando actuamos subconscientemente, nuestras acciones no están bajo nuestro control y puede ocurrir cualquier cosa. Tome el control ahora y comience a obtener los resultados que desea.

Conclusión

¡Felicitaciones por llegar al final de *Conversation Skills 2.0*! Deberías estar orgulloso de ti mismo y de tus nuevas habilidades. Las interacciones sociales pueden parecer complejas y abrumadoras, pero el nuevo conocimiento que ha adquirido le ha colocado a usted por delante del resto.

No es tan complicado una vez que lo rompes, ¿verdad? Haría bien en recordar las tres grandes recompensas que todos buscamos en nuestras conexiones humanas: seguridad, significado y expansión. Para obtener los mejores resultados, haz que tus nuevos conocidos sientan que pueden confiar en ti, que los aprecias y que tienes la capacidad de expandir sus horizontes de alguna manera, aunque sea a través del humor y el entretenimiento. Todo se basa en estas tres grandes necesidades. Trata de satisfacerlos siempre.

Has aprendido a mostrar un comportamiento agradable y a darte una ventaja en todas las conversaciones en curso. En poco tiempo, estarás iluminando una habitación y atrayendo conexiones como nunca. También ha ganado las herramientas para encender interacciones interesantes, construir magnetismo y desarrollar relaciones más profundas con conexiones nuevas y existentes. Y además de todo esto, te has preparado para escenarios sociales difíciles y has aprendido técnicas de persuasión para una variedad de escenarios sociales.

Recuerde que todo comienza con usted. Aprenda a amarse a sí mismo, a ser fiel a lo que es y a abrazar sus cualidades únicas. Cuando nos sentimos cómodos con lo que somos, dejamos entrar a otros y tenemos más que ofrecerles en nuestras conversaciones diarias. Haga lo que sea necesario para reponer su autoestima y fácilmente se mantendrá en lo más alto en sus interacciones sociales.

Otra enseñanza que quiero que tenga es esta: los seres humanos no son tan difíciles como creen que son. No se acerque a ellos con vacilación o miedo. Son más parecidos a usted de lo que te imagina, simplemente han acumulado diferentes capas.

Todos podemos ser comparados con cofres de tesoros cerrados, llenos de todo tipo de cosas curiosas y fascinantes. Acércate a otros humanos de la misma manera que lo harías con un cofre del tesoro cerrado; tómate el tiempo para encontrar la llave correcta y no te desanimes si no funciona. Con paciencia, amabilidad, apertura y respeto, trate de experimentar con diferentes maneras de abrir esta caja. Lo que se encuentra dentro podría ser una gran recompensa.

Los seres humanos son animales sociales, por lo que cuando dominamos las habilidades de conversación, las conexiones se amplifican y la autosatisfacción se convierte en la nueva norma. ¿No es una realidad que te gustaría ver?